土耳其革命
1908-1909

（英）查尔斯·罗登·巴克斯顿 / 著　谢华 / 译

Turkish Revolution
1908-1909

应急管理出版社
·北京·

图书在版编目（CIP）数据

土耳其革命：1908—1909／（英）查尔斯·罗登·巴
克斯顿著；谢华译 . – – 北京：应急管理出版社，2022
　ISBN 978 – 7 – 5020 – 9297 – 9

Ⅰ.①土…　Ⅱ.①查…　②谢…　Ⅲ.①青年土耳其党
革命（1908 – 1909）—研究　Ⅳ.①K374.41

中国版本图书馆 CIP 数据核字（2022）第 053516 号

土耳其革命（1908—1909）

著　　者	（英）查尔斯·罗登·巴克斯顿	
译　　者	谢　华	
责任编辑	高红勤	
封面设计	主语设计	

出版发行　应急管理出版社（北京市朝阳区芍药居 35 号　100029）
电　　话　010 – 84657898（总编室）　010 – 84657880（读者服务部）
网　　址　www. cciph. com. cn
印　　刷　北京市兆成印刷有限责任公司
经　　销　全国新华书店

开　　本　710mm×1000mm$^1/_{16}$　印张　13$^1/_2$　字数　185 千字
版　　次　2022 年 6 月第 1 版　2022 年 6 月第 1 次印刷
社内编号　20211491　　　　定价　56.00 元

前　言

我访问土耳其之时，土耳其革命刚平息不久，就好像是冥冥之中自有天意。伊林登起义在 1903 年陡然来袭，随即被镇压，其过程很是残暴。许多人对伊林登起义被镇压后所爆发的近东事件颇为关注，我也如此。那时候英国打算对奥斯曼帝国进行改革。对此我是十分赞同的，也很支持彼时欧洲其余几个实力强大的国家对奥斯曼帝国的看法。在土耳其重新实施宪政的一年半以前，也就是 1907 年秋季，我看到了保加利亚、君士坦丁堡、马其顿还有塞尔维亚等地的形势走向。在马其顿之时，我很幸运地去到了近期大家都很关注的弗洛里纳、萨洛尼卡、雷西纳提尔、奥赫里德以及莫斯纳。土耳其革命于 1908 年爆发，随之改变了整个国势。对于彼时之人来说，土耳其或许可以借这次机会进行改革。在此之前，土耳其人一直觉得只有战争是所有问题的解决之道，而现在，国内改革无疑是他们所能看到的最佳途径。

我在巴尔干委员会刚组建时就成为了其中一员。巴尔干委员会一直很期待新政权降临，也在努力地让英国人了解青年土耳其党人的想法。维也纳对英国的反感之情在 1907 年的秋季达到了顶峰。维也纳的人们觉得巴尔干委员会拥有很强的能力，以及锲而不舍的精神，可以改变欧洲政局。事实上，巴尔干委员会的成员中有来自不同政党的人，他们聚在一起只有一个目标，那就是让基督教教徒、穆斯林、土耳其人这些欧洲人民的生活水平有所改善。所以巴尔干委员会对于那些可能会有效果的改革都十分赞同，并且他们不在乎提出这些改革的人是欧洲人，还是土耳其人。很多土耳其人也被巴尔干委员会的目的和最近的一些行为感动。作为土耳其革命的领导力量，统一与进步委员会向巴尔干委员会的代表发出了访问君士坦丁堡，并参加新议会开幕式的邀请。我也有幸在受邀之列。彼时，受邀者都是去祝贺统一与进步委员会的成立的。统一与进步委员会还因此专门在埃科里·奇维里政府官员培训学校中召开了一场会议。在统一与进步委员会的邀请下，我们对青年土耳其党的宪政政府表示了尊重；出人意料的是，土耳其苏丹与大维齐尔[1] 还特意接见了我们，很是荣幸。有的人还见到了伊斯兰教世界的领袖人物谢赫－乌拉－伊斯兰。

---

[1] 大维齐尔是苏丹以下最高级的大臣，相当于宰相的职务，拥有绝对的代理权，原则上只有苏丹才能解除此权。——译者注

　　从伦敦离开之时，我本觉得只是有个勉强算作官方接待的礼节而已，根本没想到会和青年土耳其党的领袖们有来往。我做了一个旅游计划，想趁这一段时间到处看看，多了解一些土耳其其他方面的历史和现状。可统一与进步委员会并不是这样打算的，而我们这次的来访也将不会是一个寻常的出访。我们将要和青年土耳其党人结交为友，这似乎是上天安排好的。我们将要遇见"所有青年土耳其党人"，并且真正理解他们的目的与想法。青年土耳其党人将要让我们知道，他们是怎样看待巴尔干委员会的；要让人们知道，在看不到光明之时，即便在他们看来，我们才是所谓的最大挑战时，他们是怎么确定我们是怀着一颗公平之心做事的；要让我们了解到，在没有办法与我们来往时，要用怎样的举措来说服我们；要让我们知道，在我们伸出援手，依照他们的方法去改变英国人的观念时，他们是有多开心；要让大家知道，那些与土耳其旧政府为敌的对他们表示了认可，并提供了帮助，而这是有利于青年土耳其党的。土耳其人对英国人一直都心怀好感，可是在土耳其革命发生之前，他们是不能和英国人往来的。如今身为英国人的我们，便不仅是受土耳其官方邀约而来的宾客了。在没有官方政务需要解决之时，我们可以与青年土耳其党人同坐一辆马车，悠闲地走在碎石马路上。我们也会去看一看君士坦丁堡内灿烂辉煌的清真寺；也会围坐在一所小学的会议室里，或是在统一与进步委员会所创办的《协商报》的报社办公室中。另外，我们还游览了1877年召开议会的地方，那是一个会议室。有的时候是在吃饭的场所，有的时候是在旅店中，有的时候则是在伊斯坦布尔也就是君士坦丁堡的某家独具特色的土耳其餐厅内，我们与土耳其欧洲地区行政长官一同进餐。大家在闲暇之余，也会一同观看革命爱国剧，身边人会向我们做些讲解。我们都会为剧中青年土耳其党地下党工作者的智勇双全喝彩，也会因其中有军事法庭的审判过程而心有余悸。当演出落幕后，坐在我身旁的伊斯梅尔·恩维尔帕夏[1]身穿他们的卡其色革命军服跳上舞台，依照崇高的宪法精神给罪犯定罪宣判。

在和青年土耳其党人聊天的过程中，我们用的都是不太标准的法语。至于我们的聊天内容，若是放在 4 个月前，也许会被当作是挑拨叛国之言。所以我们都是在私下讨论这些事情的。同样的，很多青年土耳其党人也只能把一些观点烂在肚子里，根本不能说出来。如今所有的禁锢都已经消失了，我们和青年土耳其党人无论是讨论政治、历史还是经济，都可以畅所欲言。我们所聊的重点内容还是关于土耳其和欧洲其他国家的政治改革、文化、文明的问题。通过这次的沟通，我们了解到了很多与土耳其革命发起人及其政策相关的事情。而这些事情并没有被公诸于世，只有青年土耳其党人知道。可我们仍旧没有办法了解到最为全面的信息，毕竟在土耳其革命开始之前的很多行动都是保密的。在统一与进步委员会中，一位成员至多可以和四位成员

---

[1] 伊斯梅尔·恩维尔帕夏（Ismail Enver Passha，1881—1922 年）：他是青年土耳其党的重要领袖，奥斯曼帝国军官，先后参与巴尔干战争与第一次世界大战。帕夏（Passha）是一个称号，用以称呼奥斯曼帝国的高官。——译者注

接触，所以谁都不了解事情的全貌。而且就算到了现在，统一与进步
委员会定下的规矩也是导致土耳其革命还没有真正开始的一个因素。
统一与进步委员会不允许成员宣扬任何不顾他人利益、只顾歌功颂德
之事。在革命落下帷幕后，土耳其政府看似比较稳固，但和其他的欧
洲列强相比还是极为动荡的。如今，他们正处于一个过渡阶段，土耳
其的内阁制度也非长久之计。所以统一与进步委员会觉得可以将一些
不需要紧急处理的问题先放到一边，留到议会上解决。如今，土耳其
的社会秩序已被重新建立起来，不过这个国家还在不停地发展，百姓
们也是热情高涨。

本书的第一部分主要讲述土耳其革命的起因。而在讲解那些引
发社会讨论的热点事件前，我觉得我们需要先了解土耳其社会曾经
的一些特点。因为要想探究革命的本质，就一定要先知道其历史背
景。我在书中用了一章的篇幅来阐释土耳其革命爆发的大环境。篇
幅不长，不作赘述，主要是介绍阿卜杜勒·哈米德二世的掌权手腕，
并且详述了本人才出访过的马其顿的现状。在很长的一段时间内，
马其顿都是全球格局中的一颗不定时炸弹。所以欧洲的其他国家都
十分在意马其顿的状况，可以说马其顿的政治局势影响着整个欧洲。
革命便是在马其顿萌芽的，而这里也注定了要出现一个组织，誓要
把阿卜杜勒·哈米德二世赶下台。1908 年夏季，这个组织开始筹划
一连串轰动全球的事件，间接导致了 1908 年重启宪法事件。正如我
在前文中所说的，革命爱国剧便是围绕着土耳其重新启动宪法的事
情展开的，也可以说这是土耳其人认为的可以让宪法重新确立的方

式。而且本书的第一部分也讲解了在土耳其革命发生之前，青年土耳其党人是如何看待马其顿的。我觉得这是很有必要书写一番的。

本书的第二部分是全书篇幅最长的一部分，我将土耳其革命爆发后自身的见闻都写在了里面。那时候君士坦丁堡政府推出了让人应接不暇的政策，我们因此对君士坦丁堡政府的印象有所改观，也想起了过往的许多事情。我在自己还能清楚记得君士坦丁堡政府所推出的新政策前，详细地写下了这一次出访土耳其的经历和感想。根据青年土耳其党人所说的革命目标，我重点讲述了这次革命对土耳其的影响，青年土耳其党在革命中所收获的成果，以及简单地讨论了什么是"纯粹的自由"。我首先讲述的是青年土耳其党的领袖们和议会的重要议员们的个性，在此基础上讲述了统一与进步委员会所达到的重要目标，以及他们的立场和一系列行动。在过渡阶段，虽然统一与进步委员会并未发出任何正式的声明，但实际上他们已经掌控了整个政府机构。统一与进步委员会领袖所展现出的政治家特质打动了欧洲各国。我以为他们之所以会有政治家特质，是源于他们之前的付出，以及道德层面的初衷。那个时候，他们与土耳其改革派所推出的措施成为了社会关注的焦点。因为土耳其革命和伊斯兰教的解放运动息息相关，谢赫－乌拉－伊斯兰便在这个问题上和我们作了诚挚而深入的交流。在讲述阿卜杜勒·哈米德二世的礼拜过程以及接见我们的细节时，我也对他当时及以后的立场写下了自己的理解。那个时候的奥斯曼帝国正在举行新议会选举。若是秩序混乱、组织不严的话，这次活动也许会引起更大的关注。最后，随着阿卜杜勒·哈米德二世的一声令下，议会召开了。我将会事无巨细地讲述这次事件的始末，例如新议会的组成和坊间的各种质疑。倘若土耳其政府在过渡阶段只是专注于自己国内各种事情的话，那么百姓们也许会对这个政府另眼相看。可在最初之时，土耳其革命就来势迅猛且声势浩荡。希腊、保加利亚、奥地利等地的百姓以混乱又残暴的方式来响应土耳其革命。欧洲人突然要面对类似南斯拉夫人那样的各种问题，已经存在了很久的协议与同盟也面临着威胁，青年土耳其党的领导者们被外来问题所牵绊，没有办法脱身。在新政权成立的 6 个月之前，由来已久的战争危机如同一把挂在土耳其人头顶之上的利剑。土耳其革命瞬息万变，如同一幅速写，绘画者可以轻易改变其原貌，然后将它展示给众人。但愿我所收集的一些资料和信息可以改变大家对于土耳其革命的偏见。

本书的第三部分是以思考为主。有些人觉得这一部分的讲述很无趣，根本没有存在的必要。可是我之所以写下它是由于这其中既有我的思考，也有很多从土耳其革命中走过来之人的思考。这些人有些是学生，有些是商人，有些是从事金融行业者，有些是从事外交工作之人……这一部分或许会引发一些社会人士的批判，不过也会让人开始重新思考。大家对土耳其革命的预想反映了当下的局势。自土耳其归来的英国人全都被问到过如下问题——新政权能够长期存在吗？而这个时候，若是有人选择沉默的话，那么大家就会觉得他很伪善。通过重新梳理克里米亚之战后的英土关系，我们发现英国人是没有办法避开土耳其革命的。所以我希望英国人可以参考这一前车之鉴，考虑一下日后的方向。

本人没有办法将土耳其革命的全部细节都详细记录下来；至于某些有谬误的地方，历史会给出正确的答案。

目　录

第一部分

土耳其革命的起因

第 1 章

是谁埋下的隐患

　　当奥斯曼帝国的皇宫收到"24 小时内重启宪政"的最后通牒时，阿卜杜勒·哈米德二世（Abdül Hamid Ⅱ）的拥护者们都在争论应该让谁去告诉阿卜杜勒·哈米德二世这个糟糕的消息。最终接过这个任务的虽是一位有些胆量的人，但他在去参见阿卜杜勒·哈米德二世的路上一直都是胆战心惊的。不过，阿卜杜勒·哈米德二世在听到这个消息后，其反应也是出人意料。他觉得甚是安慰，毕竟重启宪政一直都是他想要做的事。从某些方面来说，阿卜杜勒·哈米德二世所做所想并没有错。我也常常会听到这样一个说法——阿卜杜勒·哈米德二世才是真正启动土耳其革命的人。

　　1876 年 8 月，阿卜杜勒·哈米德二世登上了王位。在他刚掌权之时，土耳其可谓是内忧外患——外有俄土战争失败，内有国民士气低沉。那时候，土耳其位于欧洲境内的各处暴动频发，1877 年 3 月，阿卜杜勒·哈米德二世不得不在君士坦丁堡召开议会，并正式出台了宪法，以此来转移欧洲列强的注意。次月，土耳其和俄罗斯开战，而这场战争以土耳其败北告终。阿卜杜勒·哈米德二世借此机会中止了议会，1878年2月，议会解散。阿卜杜勒·哈米德二世政府开局不利，之后也没能扭转乾坤。阿卜杜勒·哈米德二世还秘密建立了一支强大的武装力量，专门对付国内的各种暴乱行动。这支部队大致有4万人，其每年开支约为200万阿克切[1]。

　　阿卜杜勒·哈米德二世也在必要时对反基督教的行动表示赞成，并且以各种形式进行鼓励。这也是他想得到哈里发[2]之位的重要因素。阿卜杜勒·哈米德二世为了稳固自身政权而周旋于各势力之间，不仅利用基督教民族的内斗，还制衡了教会和主教，而且还培养弱小势力以令自身拥有抵抗大势力的实力，随后再挑拨离间。他便是这样操纵一场极其危险的平衡游戏。除此之外，阿卜杜勒·哈米德二世还支持阿尔巴尼亚与库尔德政府牺牲人民利益从而扩大自身实力，以此来得到两方的军事支持。在他维持独裁专制的一系列手段中有两个问题：其一是他要一直鼓励建设通讯与铁路网络，不然的话，他很难稳固自身政权，可是这样一来奥斯曼帝国便能接触到西方文明及科学技术；其二是他一直在阻碍教育的发展，然而，所谓物极必反，那些勤于思索之人会在这种打压下更加渴望教育，因此，阿卜杜勒·哈米德二世并没有成功。

---

[1]　奥斯曼帝国的货币名称。——作者注
[2]　伊斯兰教世界里的一位精神领袖。——作者注

若只是有限的残暴，那么百姓们并不会因此而揭竿起义。可是，阿卜杜勒·哈米德二世所作所为早已不是"暴政"二字可以形容的了。据不完全统计，在之前的 30 年里，因政治原因而被处死的土耳其人便已过万，这还没有加上那些在屠杀行动以及内战期间的丧命者。更令人惊讶的是，阿卜杜勒·哈米德二世在几年时间内，先后流放了许多清廉正直的大臣和百姓。不过他将这帮人流放到了人口数量较大的城镇，而不是茫茫荒野。而他们便是日后自由思潮的主要传播力量。

很多高风亮节、思想独立的人因为阿卜杜勒·哈米德二世的暴政而远离朝堂，平淡地走完了此生。可就算是如此，也还是有人没能逃过他的魔爪。秘密武装力量将奥斯曼帝国博物馆馆长所收集的报刊图书都烧毁了，馆长赶紧把还没有被损毁的资料送去了欧洲。所以在土耳其革命结束之后，他重新拿到了"两大箱报刊图书"。在拿到这两箱东西后，馆长很是兴奋，欢呼雀跃。他的弟弟是一位考古学家，可是秘密武装力量不让这位考古学家接触皇家档案与物品。而我认识的一位研究自由贸易的教授因为说了"自由"二字就被驱逐出学校。宪法老师也不可以说"宪法"这个词语。我听一位知名律师说过，他曾写下了一本记录土耳其社会生活的书籍，可是他害怕因此被追责，所以自己将书稿全部烧了。一位在巴黎学画的艺术家也被秘密武装力量禁止回归土耳其。当时只要是和外国人有过交流的人，都会被秘密武装力量盯上。一个土耳其绅士在和外国大使告别之时说："你要离开了，我的同胞们很是伤心。"大使则说："我认为他们并不会感到难过，毕竟除了那些官员之外，我只认识你这一个土耳其人。"在 1901 年，但凡是聘请欧洲人做家庭教师的土耳其家庭都被要求解雇那些欧洲教师；大家若是想聚餐，必须要预先"申请"……关于秘密武装力量所做的诸如此类的荒唐举动真的是数不胜数。一位来自瓦米克－楚科里的贝伊[1]在土耳其革命落下帷幕后将他在 1905 年 11 月所写的信件公之于众。他在信中说，他因为工作原因不得不提醒上司去看一看一篇和俄阿战争有关的文章。他觉得那篇文章中的希瓦镇明显是代表着知名的革命派牧师奇瓦，而文中所说的失败了的阿富汗人则代表着土耳其人。那些站在旧政权一边的土耳其"魔鬼"不但让信奉基督教的人们终身害怕，也让土耳其人陷入了危险之中。陶菲克·菲克雷特就看到了他曾偷偷下咒的魔鬼的死亡，他还作诗记录了土耳其人所遭受的苦痛。思库塔里·霍姆学院的詹金斯女士在尽力保留原作韵律的前提下进行了翻译，我在这里节选了此诗的一段：

> 啊，惧怕，对武力的惧怕，政权的更换便是因此而生。
>
> 从失去丈夫的妻子到失去父母的孩子，所有人都发出了悲鸣之声。
>
> 啊，法律不过是传统；啊，在高压政策的强迫下，
>
> 看不到安全，看不到权利，余下的只有呼吸声。
>
> 啊，正义，法院早就不需要你了，

---

[1] 奥斯曼帝国时期省长、总督、高官或是皇室中人，以及欧洲人都被尊称为贝伊，这里说的是内务部的一位官员。——作者注

> 只有那不可能实现的诺言、永远的谎话长存。
>
> 人们的惧怕早就替代了其余情感，
>
> 唯有质疑的耳朵一直紧绷。
>
> 啊，嘴巴早就被秘密武装力量捂住，
>
> 声名鹊起但民怨沸腾。
>
> 向政策屈服，你的选择只有刀剑或是笔杆；
>
> 啊，高尚的法律道德，人们早已将你在记忆中尘封。

阿卜杜勒·哈米德二世在掌权时期的所作所为不仅是暴戾不仁，更是愚昧至极。他对那些心腹偏听偏信，几近荒唐，把那些不学无术，目不识丁的使臣派去了欧洲国家，或是海牙国际法庭。可是，现在说这些事情已经毫无意义了，我也不会将这些人的名字一一列举出来。除此之外，阿卜杜勒·哈米德二世还挥金如土。海军军舰破烂不堪，根本不能出海，可队伍里的指挥官人数竟高达 7000。他为了安排心腹和限制潜在对手而建造了许多宫殿，辉煌的耶尔德兹宫 [1] 的修建更是几乎耗空了国库。即便如此，他也没时间去开发那些良田沃土之上的潜在资源，奥斯曼帝国已经是满目疮痍，只有美丽的自然风景一如往昔。不管是在过去还是在眼下，一部分人的思想依旧不够开放，他们因为这唯一的好处而接受了奥斯曼帝国旧政权的胡作非为。他们更

---

[1] 地处伊斯坦布尔境内贝西克萨斯一带，是 19 世纪末期奥斯曼帝国苏丹所住的别院。——作者注

倾向"旧土耳其人"，偏爱那些在高压之下还能左右逢源的人，也就是可以忍气吞声、委曲求全、安于现状、古道热肠的人；或者是可以在闲暇之时坐在一旁安静地欣赏烟嘴或太太、夫人，于危难之时就会举刀挥向异教徒，得到阿卜杜勒·哈米德二世赏识的人。他们不会考虑邻国和政府，也不会在意世界的变化，是真正的利己主义者。若是说阿卜杜勒·哈米德二世需要向某些人表示感谢的话，那么一定是这些人。

可就算是旧土耳其人，也要经历暴政的折磨。比如，奥斯曼帝国的税赋一般情况下是比较合理的，但经过地主的剥削，赋税变得越来越重。有时，地主不给农户收据，这样农户就需要再上交一笔税。地主对于农户从来都不会手下留情，所以一味地纵容地主便是在加剧农户们的苦痛。独裁政府的暴虐和土耳其人们的日常生活紧密相关，所以，最后的痛苦通常都落在土耳其人身上。阿卜杜勒·哈米德二世逐渐失去了民心，因此，从某些角度来看，他自称为革命的重要推动者也没有错。

一个土耳其军官跟我说过。他曾经接到过一个指令——把土匪驱逐出耶尼迭沼泽。他想出的策略是将钢板焊在平底船上，这样一来，就算土匪放火烧船，士兵们也不怕受伤。可是上面的人轻易地就将他的提议否决了，并且态度极其傲慢。他告诉上级若要寻找土匪的踪迹，需要在山中安营扎寨，可是士兵们并没有能够过冬的衣服或是毛毯，上级对他的回复是士兵天生就应该打仗作战，不可以有任何不满。而土耳其士兵们的服役期限越拖越久，而且经常得不到军饷。这也就解释了我为何会在马其顿遇见土耳其士兵洗劫村庄。青年土耳其党人直截了当地指明是旧政权毁掉了大家的道德之心。为数不多的支持阿卜杜勒·哈米德二世的人也开始不信任他的统治，皆叹惋道："阿卜杜勒·哈米德二世不在乎百姓死活，所以才有现在的后果。"

也就是在这个时期，很多人开始对自由产生了向往。那些经历过痛苦的土耳其人，那些对欧洲历史耳熟能详的土耳其历史学家，那些私下和欧洲人保持来往的人，那些从可怜的法语教师那里了解过某些奇怪教义的土耳其人，那些曾经为昙花一现的1876年宪法欢呼雀跃的人，那些在宪法精神没有被压倒的埃科里·奇维里学习、工作的人，都有可能成为之后的革命家。阿卜杜勒·哈米德二世说的或许是对的，因为土耳其革命的动力就是他给土耳其人带来的痛苦、是他给整个奥斯曼帝国的人们所施加的暴力。若非如此，前人们的光辉精神也就没有任何意义了。

第一章中的个别内容曾被报道过。某家晚报曾评论道："土耳其首都内流传出了许多莫名其妙的看法……残暴血腥的阿卜杜勒·哈米德二世居然是土耳其人的福音，这真的是让人不可思议。"

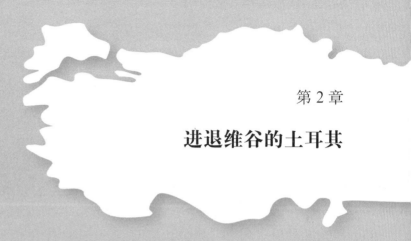

第 2 章

进退维谷的土耳其

想要真正知道青年土耳其党人所获取的成果必须先弄清楚土耳其革命的爆发背景。土耳其的马其顿和亚美尼亚这两个省份英国人是比较熟悉的。其中马其顿境内的绝大部分人都是欧洲人，因此欧洲人对马其顿人的痛苦经历很是怜悯。马其顿人和逃脱了阿卜杜勒·哈米德二世的魔爪、建立起井然有序的政府并且取得了进步的人们源自一脉，大家本都该拥有文明的国家体制。国际上对马其顿的内乱也是争论不休。我正好在土耳其革命爆发的 9 个月之前访问了马其顿。

在杜拉马、萨洛尼卡、赛尔雷，人们关于土耳其的各种进步的讨论随处可闻。欧洲列强让自己国家的外交官以巡视为由来到土耳其宪兵队，并且组建起财政委员会来代表欧洲各大国。财政委员会还可以自己做预算，但是不能随意更改。跟随巡视总长执行年度巡视任务的还有之前所设的"民间特工"。而这些"民间特工"在没有接到任务之时，会去萨洛尼卡的海边休假。在这种情况下，土耳其改革还是有些效果的。在极为受限且没有任何尊严的职权范畴内，欧洲各大国的外交官都尽到了自身责任。有些外国人无意中拍到了在阿卜杜勒·哈米德二世的暴政下社会的各种恶行，让欧洲人看到了马其顿当时究竟是什么样子。就算在马其顿境内，也是民怨沸腾。宪兵队在政府的阻挠下，一直不能正常工作。只要对预算中的开支有所质疑，财政委员会会长就会认为这是对阿卜杜勒·哈米德二世统治的冒犯。马其顿境内监狱随处可见，而监狱中关着1500名被判为三年以上有期徒刑的罪犯，有70个罪犯被关在一间长宽都只有14英尺的房中。在不久之前，一个保加利亚人在萨洛尼卡的自由塔被处以绞刑，死后还要曝尸三日。有3名在6年前犯了罪的罪犯也被判了死刑。3年后，其中两人被平反，可是他们早就死在牢里了。

这些都只是小事。在我们到处查看土耳其的社会状况之时，才发现现实远比想象更残忍。自1903年伊林登起义后，土耳其的情况越来越糟糕。无论掌权者有多残忍，农户们都必须耕种，然后去集市上采购日常品，因为地主还是会照常收租，家人也要生活。我们是旅行者，当地人对我们也很热情。所以，若是我们只安于现状，不看外面的话，或许会觉得土耳其还是比较繁荣的。可是我们不能无视马其顿那些败落的村子。许多屋子都已经倒塌破败，以前的石板房换成了用茅草和泥砖砌的棚子，极其简陋。我们经过耶尼迭湖周边某处时，一位统一与进步委员会中的活跃分子正带着一帮没领到军饷、身穿破烂衣服的士兵对抗暴徒。百姓不能接近沼泽地带，可是他们需要用那里的柳枝来编篮子以换取粮食。所以，这意味着他们失去了生活来源。在我们路过古贝罗伊与卡拉夫里阿一带的时候，统一与进步委员会中一位干事正在耕地。我们途经雷斯纳与莫纳斯提尔到达了位于阿尔巴尼亚地区的奥赫里德。这是一座十分漂亮的镇子，依山傍湖，可以看到湖对岸的品都斯山脉。山顶之上的古城墙形成了一个圆圈。在夕阳西下之时，走过平原，可见往昔的保加利亚王国首都遗迹。那时候，土耳其的政府机构里有个"命案委员会"，大众对此很是关注。马其顿的前任省长凯马卡姆是青年土耳其党成员。他在1907年私下拜托我的一位友人帮他找一本赫伯特·斯宾塞[1]的书。凯马卡姆不想看到生灵涂炭，所以他的上级很快便将他开除了。无人敢收留我们，最后我们找到了一个受领事保护的外国房东。他对我们说土耳其的局势越来越动荡，若是想重新建立起奥斯曼帝国的社会秩序，只能经历一场如克里特岛那样的国际军事行动。因为这样土耳其人才会觉得和平是难能可贵的。如果能有一支雷厉风行的宪兵队，土耳其大概就能安定下来。至于土耳其政府，根本指望不上，土耳其的士兵也只会到处抢劫，什么都做不了。可其实土耳其的很多士兵都是充满勇气且坚韧的，只是因为得不到该有的军饷，才被迫做起了土匪。归根到底，还是土耳其政府失责。

土耳其境内处处都有士兵，火车也只会运送士兵。农田荒废，

---

[1] 赫伯特·斯宾塞（Herbert Spencer, 1820——1903年）：英国著名的哲学家、社会学家、教育家。——作者注

物价疯涨，饥荒和政治迫害比比皆是。土耳其人将希望都寄托于政府，盼望着他们能支持百姓们的移民。许多男性劳动力不得不远离家乡，在某些地区，平均每个家庭里就有两个人离家远行。在一个拥有251户人家的村子中，竟有400余名男性劳动力离乡打拼，这个数据实在让人震惊。由于当时有禁令，人们不能在晚上出门，因此男性会在清晨就赶到数英里外找活干，根本没有时间下田耕作。守在家中的女性便在村庄附近的农地中干活。1903年，马其顿政府透过伊林登起义看到，可以利用保加利亚人和希腊人的冲突来减少势力范围内的男性劳动力流失情况。近年来，欧洲列强越来越想干涉土耳其内政，领土的更改和划分引起了一系列恐慌，希腊与保加利亚之间的冲突也因此愈演愈烈。基督教与穆斯林一样对土耳其人不友好。尽管巡视总长信誓旦旦地跟我们说，马其顿政府对所有案件都进行了调查，会为每一个受到冤屈的人平反昭雪。可外国领事戳穿了他们的谎言，他们说马其顿境内平均每个月都会发生200起政治谋杀案……在之前的7个月内，我们暂住的村落里就出现了不下100起谋杀案。

在我们回到莫纳斯提尔后，我们的餐桌被安放在环境极佳的皇家宾馆中的一个美丽花园里。周围的美景会让人不由得忘却最近所了解的各种可怕事件。可就在我们安心享用美食之时，在离宾馆不远的一条街上便出现了暴行。莫纳斯提尔境内，交错的道路是用石头铺成的，排列整齐的房屋皆是用白色的石灰粉刷成的，随处可见的清真寺与生意盎然的大树同附近的灰色山丘对比强烈，让人倍感舒适。可就算环境再美，暴行却从未间断，我们根本没有办法安心。同伴说他认为土耳其的状况正在慢慢变好，因为他们对这些事情已经快习以为常了。实际情况的确如此。土耳其人陷入了暴力和复仇的不良循环之中，好像找不到破解之法。发生恶斗的地方都会抛弃道德。保加利亚人几乎快要失去希望了。在土耳其的某些地方经常会听到诸如剥夺外国人的生命财产、把欧洲势力驱逐出境之类的言论。人们越来越习惯用杀戮的方式来解决问题，已经没有畏惧之心了。

街上忽然出现了莫名其妙的聒噪，迎面走来了一支敲锣打鼓的迎亲队伍。他们所演奏的是《马赛进行曲》，这是一首自由的赞歌。乐曲用节奏欢快且尖利的调子表现出喜庆和欢愉。迎亲队伍渐行渐近，欢快的旋律仿若在修饰着欧洲现状。

前行吧，祖国的孩子们，站起来，
你们会拥有荣耀的未来！
我们面对着暴君，
把沾满血的旗帜举起来……

乐声渐行渐远，街巷又一次陷入沉默之中。这真是一个不在乎时政的乐队指挥随便选的一首曲子吗？抑或是一部分身为统一与进步委员会成员的青年土耳其党人认为这首歌有着土耳其政府无法洞悉的内涵？也就是"隐秘的刺激"？

我没有办法了解到此曲的隐喻，更不会纠结于此。在奥斯曼帝国的暴政下，我也不能收集到什么信息，于是我将此事刻在了回忆中，以便在"荣耀的未来"来临之时再度翻阅，并对它做出新的认知和思考。

第 3 章

萨洛尼卡，以自由之名

　　萨洛尼卡位于马其顿地区，是一座重镇，与广阔的海湾相伴。若气候不错，在穿越海湾之时便可见到高高伫立的奥林匹斯山。古老的城墙自海边一直向下延伸到了城郊的山丘，绕着城市围成了一个半圆形。萨洛尼卡码头商业发达，两侧新建了许多建筑，让古城墙没有办法通过。码头上建有一些雕像，以及装饰着罗马拱门的扶壁；在这些建筑的前方是闻名于世的厄纳齐雅大道，它自萨洛尼卡湾而来，穿越了巴尔干半岛，连接着亚得里亚海。萨洛尼卡的贸易港口十分繁华，白色的房子鳞次栉比，道路两边是郁郁葱葱的树木，整个城市都充满着自由和现代的气息。相较于奥斯曼帝国的其他城市，萨洛尼卡更加自由，这也许是因为城中有许多犹太人居住。这里的犹太女性身穿白色长裙，梳着长辫，披着美丽的丝巾，是城市中的一抹亮色。这些犹太女性不以轻纱覆面，举手投足间落落大方，她们让那些在土耳其见惯了面纱与黑袍的游人感到心旷神怡。土耳

/n

其革命也在萨洛尼卡慢慢萌芽。

在这个时候我自然是没有办法忘了在过去的50多年中西方思想对土耳其潜移默化的影响。截止到目前还没有人研究过土耳其的思想发展历程，并将其编写成书。在思想方面，青年土耳其党确实需要向法国人说声谢谢。有的人正是因为法语书，或是译作法语的英语书，以及与法国人的交流，在法兰西民主思想的指引下才开始留心这方面问题的。流亡于巴黎的人建议土耳其的改革者可以成立一个分工明确的组织。于是在1970年年底，土耳其改革者们于巴黎进行了一系列活动，秘密地召开了一场大会，参会的除了土耳其人外，还有阿拉伯人、亚美尼亚人、犹太人、希腊人、阿尔巴尼亚人和保加利亚人。若是《法兰西社会主义新闻报》上所报道的内容没有错误的话，那么就是在这一次的会议上大家通过了一项决议：罢黜阿卜杜勒·哈米德二世、建立国家议会。

与阿卜杜勒·哈米德二世为敌的组织是在萨洛尼卡建立的。其实早在数年前，萨洛尼卡境内便出现了不怎么正式的自由委员会。而自由委员会在1906年和巴黎委员会结盟，巴黎委员会成了自由委员会的巴黎分支。自由委员会崛起得越来越快，成员也越来越多，便形成了一个目的明确、结构完整的组织，其最终目的便是结束阿卜杜勒·哈米德二世的残暴统治。也就是在这个时候，从国外而来的政治势力开始推动土耳其革命运动。在这几年时间内，土耳其政府内掺杂着邪恶势力，不过欧洲其他列强也逐渐开始干预他们的内政。兰斯多恩侯爵亨利·佩蒂－菲茨莫里斯[1]在 1905 年年底发动了海上联合演习，在演习结束后，土耳其反政府势力不知是因为私欲还是所谓的人道主义精神，开始着手准备对土耳其政府进行新的攻击。更有甚者四处造谣说马其顿将不再是属于土耳其的领地。若是土耳其政府这个时候不采取行动的话，那么他们将会失去马其顿。土耳其的改革派在当下的局势中只能筹备得更加仔细，想出一个更加合适的政策。

知名的隐秘组织——统一与进步委员会便是在这时候出现的。它拥有着极为严苛的保密系统，原则上也不允许成员暴露领导人的真实身份，因此我们没有办法详述统一与进步委员会的发展史和其所做的一些事情。我们在报纸上也找不到任何与统一与进步委员会有关的权威信息。所以，即使到了现在，许多和统一与进步委员会相关的信息也不过是一些推测罢了。但我们还是能略微讨论一下统一与进步委员会参加的一部分重大行动。

无论是何人创建了统一与进步委员会，他都需要想到一个能够召集新人的法子。创始者会告知那些对委员会有兴趣的人一个重要秘密，不过他要求所有这些人在加入委员会前都必须发誓，在没有组织的允许下，不可以将这个秘密泄露给其他人。若是此人答应发誓而且值得信赖的话，那么创始者就会在他发誓后告诉他关于组织的理念。

入会仪式是极为重要且十分庄严肃穆的。还有一套确定的流程：

---

[1] 全名亨利·查理·凯什·佩蒂-菲茨莫里斯·兰斯多恩（Henry Charles Keith Petty-Fitzmaurice，1845—1927 年），英国政治家、印度总督。——译者注

入会者会被蒙上双眼，然后来到一个隐秘之处。当他解下蒙眼布之时，会发现自己正处在一个黑漆漆的房间，或是安静的山谷之中。在他面前站着三个戴了黑色面具的陌生人，这三个人会让他对着刀剑，以及《古兰经》庄严发誓，从此以后会拼尽全力救国于危难之中，对组织绝对服从，绝不会把组织的秘密泄露出去。哪怕是组织要求他去刺杀一个同他极为亲密的人，他也必须照做。在入会仪式完成后，入会者又会被蒙上双眼，带回原处。

新人在加入组织后会度过一段很长的考察期，在此期间组织将会派几个人考察新人对组织的忠诚。而且新人也只会接触到帮他入会的人，当其通过考验后便会进入组织在当地的支部。一个支部约有200人，可是新人至多只会认识其中4人。聚集讨论事情的小组也最多只能有5个人。小组内会有一位"指导员"，他负责沟通交流和接收组织的命令。而统一与进步委员会在下达指令后，将有专门传递指令的小组代表将其转达给其他小组的"指导员"。由此可见，统一与进步委员会内部一定有个负责协调指挥的机构。根据我们的推断这个机构应该在萨洛尼卡，可是实际如何我们也不得而知。目前只能肯定，统一与进步委员会成员都觉得他们的领袖绝对不是一个人。根据估算可知在革命工作的最后阶段，土耳其位于欧洲的省份内共有2万余名统一与进步委员会成员，亚洲省份内的成员数量应该少一点。每位成员都会拿出自己收入的20%来作为统一与进步委员会的活动资金。

统一与进步委员会所面临的都是一些比较复杂且具有危险性的工

作。他们要避免被土耳其政府抓到，因此不能通过邮局传递信息，只能面对面传达信息。在传递信息之时，女性成员通常是较为关键的角色，因为会让她们把纸条夹在衣服里。阿卜杜勒·哈米德二世建立起了一个庞大又复杂的间谍系统，几乎覆盖了整个帝国，其内部也是分工明确，统一与进步委员会在进行各项工作时必须要小心翼翼，并且发展出了反间谍组织。一旦统一与进步委员会确定了一个人的间谍身份后，他们便会派人专门监视这个间谍，在必要之时还会将其秘密处理掉。总而言之就是道高一尺，魔高一丈，统一与进步委员会一定会想方设法对抗阿卜杜勒·哈米德二世。而小组内的成员所掌控的消息与权力都是有限的，这样就能有效避免发生大规模的背叛。统一与进步委员会内既有犹太人、基督教教徒，也有土耳其人，成员组成比较复杂且庞大，所以组织内部肯定会有背叛者。土耳其政府也常常会下发拘捕令，把某些政治罪犯下狱或是处以死刑。而且土耳其政府还会不择手段，例如通过严刑拷打来收集百姓的指证。可是到现在为止，毫无证据表明统一与进步委员会中有人叛变。统一与进步委员会把那些独立的个体联合起来，让成员间有了完善的合作流程。而它之所以可以拥有源源不断的力量，大概是因为它规定成员们都拥有平等地位。在组织创建之初，创始者便在马其顿的保加利亚人的"内部组织结构"中得到了很多启示。所以，他们要创建一支所向披靡的革命武装力量，从而避免抢夺主导权的情况。

　　统一与进步委员会通过组织内部的严格保密性，成功地在土耳其政府的眼皮子底下推动了工作进展。青年土耳其党人告诉巴尔干委员会："尽管我们清楚大家的最终目的相同，但是我们彼此之间实在是难以交流，因此我们打算用行动来说话。"

很多外国人慢慢发现土耳其百姓是有组织地在反抗阿卜杜勒·哈米德二世的暴政，我们还猜测到在不久的将来，土耳其的政权将有大变动。我在土耳其革命来袭之前一年于君士坦丁堡写如下文字："土耳其人对政府的厌恶愈加明显了……新理论运动、自由思想……前段时间在埃尔祖鲁姆发生的事情、拒不交税、将瓦利[1]召回……安纳托利亚的自由土耳其党站了出来……土耳其坊间多有煽动性言论流传……阿卜杜勒·哈米德二世不能保住自身政权……土耳其人都在说只有战争才能改变现在的局势。"如今再看这些笔记，可以发现在某些方面，土耳其的局势变化远远超出了那些"了解内情的人"的预料。对于局外人来说，虽然不停有人在提醒他们加强戒备，不要被人所挑拨，但如今看来，在判断土耳其局势上，相较于那些专家学者，他们的推断倒几乎是正确的。这或许也能对他们有所安慰吧。

我们大概了解青年土耳其党的纲要与政策。可在现实的生活中，他们常常做不到这一点。许多青年土耳其党人的性子并不沉稳，经常抱怨生活，每日纸醉金迷，根本不像一个土耳其人。他们知道阿卜杜勒·哈米德二世政府无能，可并不会将其放在心上，也不会以此为辱。在青年土耳其党人的身上，我们根本看不到任何可以让人为之惊讶的

---

[1]　瓦利为土耳其州的知事。——作者注

力量，更别说严谨的组织结构了。如今土耳其革命已经落下帷幕，我们或许能一点点还原出这场卓越的历史革命的真貌。

对于土耳其军官而言，统一与进步委员会的努力是意义深刻的。由于马其顿是土耳其境内最容易和欧洲大国进行交流的省份，所以统一与进步委员会把马其顿设为了主要据点。马其顿的军官们也慢慢意识到，奥斯曼帝国将走向终结，他们还将自己和外国军官做了对比。

欧洲列强迫使阿卜杜勒·哈米德二世同意，让外国军官以土耳其宪兵队改革者的身份进入宪兵队。那些外国军官每日身穿好看的军装，按时领着薪水，依照军功领赏。他们过的日子和那些可怜的土耳其军官相比，真的是天壤之别。统一与进步委员会策反了萨洛尼卡第三军团的大多数军官。若第三军团之后还是一直听命于阿卜杜勒·哈米德二世的话，那么他们可以轻而易举地镇压革命暴动。所以萨洛尼卡第三军团的立场转变是那时影响土耳其局面的重要因素。青年土耳其党不费吹灰之力便拉拢了接受过军事学院优良教育的年轻军官们。他们也成为了传播土耳其革命思想的积极分子。这些年轻的军官们都有着伟大的抱负，想要为国贡献自身力量，而且他们对当下的政府十分反感。他们在正规院校受过训练，也迅速地改变了思想，成功说服了军部，让他们尽可能地让毕业生担任指挥官。然后他们又提出了一个建议，但这和之前的建议毫无关联，他们提议让指挥官可以自行选择下属。其实当时土耳其政府对此也有疑虑，而且各个军营中最起码有一名宫廷间谍是和耶尔德兹宫直接沟通的，但是当局还是接受了这两条建议。"思想转变"的军官们在土耳其军队中得到了普通士兵的支持，一般来说士兵和军官的关系都是比较亲密的，他们就像小孩跟着父母那样跟着军官。奥斯曼帝国随处可见军队的小分队。所以，军中之人根本不会缺少将对阿卜杜勒·哈米德二世执政的反感、怨恨和对未来的期许传播出去的机会。我之前已经说过这些士兵们经历过的苦痛。青年土耳其党抓住了每个有利于他们的社会情况并将其有效地利用了起来。不管是在马其顿还是在别的地区，各地的统一与进步委员会都贯彻了新原则。比如在土耳其革命爆发前的一年半，穆罕默德·纳济姆贝伊便乔装成传教士，在小亚细亚军团中执行任务。

青年土耳其党的党纲对土耳其社会各界都有着深刻影响。可是在传播新思想之时，那些和惊险、伪装、地下工作者的机智有关的故事还等待着有心之人的挖掘。委员会成员会把自己乔装成街边的贩夫走卒，每日在大街上售卖各种饰品。他们想把革命杂志《协商报》悄悄地传给值得信赖的人。巴格达的一家理发店店主便是委员会成员之一；阿卜杜勒·哈米德二世的御厨团队中也有委员会成员。奥斯曼帝国的一些地区也有以传播自由思想，以及发展委员会分支机构为目的的积极分子，而他们表面上的身份或许是医生，或许是律师。有的成员为了打探消息而去为政府官员做车夫、下人。进步与统一委员会大获全胜的一次行动是在萨洛尼卡邮局策反了全部的工作人员。巡视组长的随从之后也成为了委员会成员之一。于是进步与统一委员会借着巡视总长的"名头"成功地把国外报纸和别的印刷品送入土耳其境内，然后交给需要它们的人。

　　而在 1907 年的冬季所发生的那些让整个欧洲都为之震惊的事情，成功地推进了土耳其民族运动。奥地利看似是在帮助奥斯曼帝国推动改革，实则是想得到建设穿过诺维－巴扎尔地区的铁路的权力，借此掌控马其顿。英国组织建立了欧洲协调机制，爱德华·格雷爵士是改革激进派，想从外部强迫土耳其政府接受改革结果。英、俄两国慢慢形成了合作关系。英国国王爱德华七世和俄国沙皇尼古拉二世在雷瓦尔进行了会面，这或许意味着近东地区将会出现一个全新的、积极的改革举措。而这个政策最终也会让奥斯曼帝国分崩离析。行动时间越来越近，统一与进步委员会决定在 1908 年秋的拜兰节[1]那天采取行动，同时也在仔细思考应该让哪个队伍打响第一枪。统一与进步委员会觉得这场内战会进行大半年，并且还选好了指挥官和轻步兵的军装颜色。除此之外他们还定下了一个计划以引起政府间谍的慌乱。统一与进步委员会在 1908 年 6 月 12 日暗杀了萨洛尼卡指挥官穆罕默德·纳济姆贝伊。穆罕默德·纳济姆贝伊当时正拿着他所收集到的和新运动相关的情报，打算去一趟君士坦丁堡。在暗杀成功后，阿卜杜勒·哈米德二世组织起了一个特别调查团去往萨洛尼卡调查这件事情。不过虽然特别调查团对外宣称的是去检查军事仓库，但大家都知道特别调查团是想查出暗杀行动的参与者

---

　　[1]　伊斯兰教的一个节日，由小拜兰节与大拜兰节组成。伊斯兰教斋月结束那日便是小拜兰节，70 日后就是大拜兰节，这里所说的应该是小拜兰节。——译者注

并且对其进行暴力镇压。但是这个调查团的负责人是伊斯梅尔·马希尔帕夏[1]，他也是秘密情报部的官员之一。由此可见，统一与进步委员会接下来会遇到很多麻烦。

---

[1] 伊斯梅尔·马希尔帕夏在 1908 年 12 月底于伊斯坦布尔街上被暗杀。——译者注

第 4 章

雷斯纳，如履薄冰

伊斯梅尔·马希尔帕夏带着调查团大摇大摆地调查暗杀一事，丝毫不做遮掩。他们就住在萨洛尼卡的大酒店中，接二连三地审问证人，行事作风一点都不低调。他们早就听闻这里有个秘密组织，但是根本没想到统一与进步委员会已经具有一定规模。土耳其政府也许觉得只需要让那些心怀不轨之人明白，政府开始注意他们了，然后处理几个带头闹事之人，杀鸡儆猴，那些乌合之众便会散去。于是他们一直都敷衍行事，直到1908年7月都还未完成调查报告。在此期间他们了解到了委员会的组织结构，掌握了军队中已经开始传播自由思想的证据。一名委员会主要成员在萨洛尼卡被捕，警察还去搜查了另一名主要成员的家庭。伊斯梅尔·恩维尔帕夏不但没被土耳其政府恐吓，而且还被政府邀请去君士坦丁堡一叙，政府同时还许给了他光明前程。伊斯梅尔·恩维尔帕夏知道这是一场鸿门宴，所谓的前程归宿应该就是被沉入博斯普鲁斯海峡。在和大家进行商讨后，伊斯梅尔·恩维尔帕夏知道他们必须要采取最后的行动了。他立马离开萨洛尼卡，逃到了内地山林之中，换上了普通老百姓的衣服，蓄了上胡须，并且经常变更住处。他有时会召集百姓，把眼下的情况分析给他们听；有时也会和支部的军官交流，监督他们准备起义。慢慢地，很多人都知道了伊斯梅尔·恩维尔帕夏这个名字。

在此之前，统一与进步委员会从未公开行动过，而第一次公开行动是在雷斯纳进行的，也借此向欧洲发出风雨将来的讯号。雷斯纳这个小镇四面环山，我曾经在土耳其革命爆发的前一年于雷斯纳的餐馆中享用过午饭，那天的天气也是极好的。雷斯纳的房子又矮又旧，有着木质阳台。小镇的主街上有一条涓涓溪流，但是水质比较浑浊，人们会在这里洗衣服，家禽牲口会在这里喝水，同时这里也是污水的排放之处。雷斯纳和旁边的普雷斯帕湖都处在一片面积不大的平原之上，四面临山，不过少有山石，山顶十分荒凉，而山腰一带则有大片的橡树林。1903 年，这里吹响了马其顿起义的号角。

1908 年 7 月 4 日，艾哈迈德·尼亚齐贝伊在雷斯纳揭竿而起。他先是散播消息说，在雷斯纳周边出现了反叛的势力，以此将当地的守卫队支开了。然后他立马召集了 18 名士兵、150 余名穆斯林以及一些文官，带上了 75 支步枪和 15 箱弹药。最为重要的是他拿了 600 英镑现金军饷，带着起义军入山。雷斯纳的基督教教徒对于艾哈迈德·尼亚齐贝伊的起义之举十分担忧，因为此人长得五大三粗，而且在对付叛乱之事时会使用残暴的手段。不过之后艾哈迈德·尼亚齐贝伊所发布的公告打消了他们的疑虑。公告的部分内容如下："我们是站在专制的对立面，为自由与和平而奋斗的。我们想要和奥斯曼帝国的每个人，不管是高官还是平民，一起创建一个平等的社会。欧洲列强与巴尔干政权根本不在乎基督教教徒们的权益，经常会为了私欲向你们传播那些杂音。造成现在这种情况，我们的政府也有着推脱不掉的责任。我们应该为了家国团结起来。我保证，只要所有民族、宗教都不想着侵犯他国，他们就能拥有自由的权利。只要土耳其人不灭，土耳其便始终是奥斯曼帝国的。在这里，我号召其余起义部队都来我这里，大家携手合作，制定出统一的计划。"靠近防区的两个中尉带着其手下部队和警察来到了艾哈迈德·尼亚齐贝伊的麾下，并且向他提供了 70 支步枪。土耳其政府在莫纳斯提尔调了一个营的兵力去抓艾哈迈德·尼亚齐贝伊。可惜这次抓捕行动的总指挥正是艾哈迈德·尼亚齐贝伊的好友，于是他直接带着手下投靠了艾哈迈德·尼亚齐贝伊。接下来，艾哈迈德·尼亚齐贝伊强迫雷斯纳的地方行政长官向巡视总长以及莫纳斯提尔的瓦利传递消息，写信告诉他们艾哈迈德·尼亚齐贝伊已不属于军队管理了，他会在民族宗教平等的要求下，誓死守护真理以及人民的自由与财产。发表于 1908 年 7 月 4 日的报纸上有这样一段话："君士坦丁堡的人觉得这次起义是因为青年土耳其党发挥了作用，所以引发了当地社会的热烈讨论。"

在之后的三周里，坊间流传着各种流言蜚语，百姓们也越发感到期待。大家对阿卜杜勒·哈米德二世的暴政有多不满，便对起义军有多期待。起义军在恩维尔的村庄里传递革命思想，而艾哈迈德·尼亚齐贝伊正在全心准备内战。他带着军队去到了位于莫纳斯提尔平原边上的弗洛里纳小镇，随后进入了奥赫里德。艾哈迈德·尼亚齐贝伊在斯塔罗瓦成立了大本营，并且发出了第二个公告，公告中明确指出土耳其政府应该重启1876年宪法，同时他本人还呼吁应该补助那200位"爱国之士"。由于现在正是战争时期，因此他答应会先给提供补给的群众开收据。艾哈迈德·尼亚齐贝伊还向阿卜杜勒·哈米德二世发了一封电报，其内容便是让阿卜杜勒·哈米德二世赶快举起白旗。随着时间的推移，投靠艾哈迈德·尼亚齐贝伊的人越来越多。一位少将师长也在1908年7月14日投靠了起义军。分散于各处的小型驻防部队也纷纷揭竿而起。起义军洗劫了当地的火药库，把武器分给了百姓们，这其中也包括基督教教徒。而后的一段时间里，卡斯托利亚在1908年7月7日正式加入起义军；赛尔雷在1908年7月16日正式加入起义军；提克韦什在1908年7月7日正式加入起义军；沃迪纳在1908年7月21日正式加入起义军；莫纳斯提尔人在1908年7月6日贴出告示要求政府推行宪政，随后警察将此告示撕下；这份告示在1908年7月7日被送去了君士坦丁堡，又在1908年7月19日传递给了欧洲的几大列强代表。莫纳斯提尔内有90个官员先后给阿卜杜勒·哈米德二世发了电报，内容都是让他立马废除现在的不正确的政策，推行合适的政策。

阿尔巴尼亚人也有了动作，在科尔察加入了起义军。他们还把普里什蒂纳、费里罗维奇和柳玛的土耳其官员全部驱逐出去了。阿尔巴尼亚人的行动在1908年7月22日进入了高潮。一万多人齐聚费里罗维奇，然后向阿卜杜勒·哈米德二世发出了电报，表示他们站在支持宪法这边。至于阿尔巴尼亚人是怎样加入起义军的，我们便不得而知了。青年土耳其党人好像是利用了阿尔巴尼亚人因暴力事件而产生的愤怒、对阿卜杜勒·哈米德二世统治的怨恨、对经济发展的迫切需求和对奥地利人的仇恨来促进阿尔巴尼亚人发动起义的。阿尔巴尼亚人和奥地利人之所以会将仇恨升级，主要是因为斯科普里忽然冒出了一间音乐餐厅。

阿卜杜勒·哈米德二世政府在这个时候并未束手就擒，他把圣姆西帕夏调到了雷斯纳去处理当地的动乱，因为此人成功地镇压了阿尔巴尼亚人在莫纳斯提尔所发起的起义行动。可圣姆西帕夏在上车的前一刻被暗杀了。阿卜杜勒·哈米德二世政府立马派纳赫米将军来接手工作，但是纳赫米并没有答应，于是便只能让奥斯曼·费齐将军走马上任了。奥斯曼·费齐将军在接过任务之后缓缓图之，以高官厚禄、军功勋章以及各种金银珠宝来诱惑敌军军官。听闻在重启宪法的前日，奥斯曼·费齐被带到了奥克里德，被艾哈迈德·尼亚齐贝伊控制住了，而在这个过程中他从来没有试图反抗过。起义行动愈演愈烈，君士坦丁堡也一直都在镇压起义。"军中奇怪的人员变动"刚被禁止，萨洛尼卡第三军团的全部军官便被革职了。同时还有个半官方指令传达下来，指令说因为"这指令的执行难度很大"，所以可以慢慢执行。1908 年 7 月 8 日，关于伊斯梅尔·恩维尔帕夏的死亡消息传播开来。他在寄给维也纳的某家报纸的信中写了一段话："我会陪着山中的勇士们一起战斗，和残暴的专制统治抗争到底，拼尽全力去推进国民大会的召开，让手足同胞们不再挥刀相向。"

几天之后，据说，土耳其政府答应对一些起义军官进行赦免和升职，他们也因此得到了军官们的支持。驻阿德里安堡的第二军团也被人们对土耳其政府的反感情绪所感染。这里的军队以前也因为军中一些畸轻畸重的政策而发生过动乱。驻守在士麦那的第四军团也被起义行动所影响。只有驻守于君士坦丁堡的第一军团一直稳若泰山。萨洛尼卡第三军团的 38 位军官在 1908 年 7 月 10 日被捕，随后便被押去了君士坦丁堡的监狱。土耳其政府在 1908 年 7 月 16 日宣布会赦免马其顿的全部青年土耳其党军官。除此之外他们还在士麦那调了两个师的兵力去到萨洛尼卡，由此处出发去往莫纳斯提尔。统一与进步委员会早在数月之前便已派出秘密特工悄悄进入士麦那部队进行各项宣传工作。如今正是检验特工工作之时。若是士麦那的军队向自身同族挥刀，那么一定会爆发内战，万幸的是他们并没有这么做。甚至有个营公开宣布要反对专制统治，绝不和志同道合的人开战。阿卜杜勒·哈米德二世政府将奥斯曼帝国驻巴黎原大使穆尼尔帕夏紧急调往雅典和贝尔格莱德。穆尼尔帕夏的想法是说服希腊人、塞尔维亚人起兵攻打起义军。除此之外，阿卜杜勒·哈米德二世还下令让马其顿政府封锁消息，不让外国领事听到任何风声。在武力镇压失败之后，阿卜杜勒·哈米德二世打算安抚民众，他在一天之内便让 550 名官员加官进爵，而且还向奥斯曼帝国银行借了 8 万英镑来犒赏萨洛尼卡的军队。与此同时，他也赦免了早先被打入大牢的 38 名官员，这些人在 1908 年 7 月 22 日获释。而且还为赞成半自由化的穆罕默德·赛义德帕夏恢复了职位。然而叛乱并没有因此而停止，委员会也更加坚定。《泰晤士报》

驻君士坦丁堡的通讯员发表报道称："大部分土耳其人想的都是以起义的方法让土耳其政府改变现有的体制。"

其实，马其顿内部已经出现了可以取代旧政府的新政府——统一与进步委员会——开始使用行政管理权进行征税了。起义取得的第一个成果便是停止了民族斗争。在土耳其境内，土匪和战争似乎突然从人间蒸发了。百姓们也因此更支持统一与进步委员会。莫纳斯提尔安静得可怕，农户们都站在了青年土耳其党这边。不过大家也知道统一与进步委员会打算让每一个背叛者都闻风丧胆。

一名随军牧师打算去君士坦丁堡汇报当前的革命局势，可是他在萨洛尼卡遇刺身亡了。之后一位调查团成员也被攻击并受伤。身为调查团团长的伊斯梅尔·马希尔帕夏赶紧逃回君士坦丁堡，这才保住了小命。奥斯曼·希达耶特将军在2000位军人面前宣读阿卜杜勒·哈米德二世的赦免令时中弹而亡。青年土耳其党的官员要求阿卜杜勒·哈米德二世答应重启宪法，不然他们会将驻守在马其顿的将领们全部杀死。一个秘密组织负责了一切暗杀行动，誓要达到目的。

在欧洲他国还没有意识到土耳其起义运动所带来的影响，各大媒体报纸还将焦点放在英俄双方对于土耳其改革方案的细节问题上时，艾哈迈德·尼亚齐贝伊所带领的18人起义军规模越来越大，如今已可以围攻莫纳斯提尔了。莫纳斯提尔的百姓聚在一起，纷纷要求重启宪法。在人民公园内，有300位军官齐聚于此，他们命令军乐团演奏《马赛进行曲》。

这次的起义行动即将落下帷幕。统一与进步委员会在1908年7

月 23 日向阿卜杜勒·哈米德二世下达了最后通牒，要求他在 24 小时内重启 1876 年宪法，不然阿德里安堡第二军团和萨洛尼卡第三军团将一同攻打君士坦丁堡。我们再来看看阿卜杜勒·哈米德二世的反应。

君士坦丁堡在 1908 年 7 月 23 日的上午便收到了这封电报，这代表阿卜杜勒·哈米德二世有一个下午加一个晚上的时间，在此期间内他随时都可以给予回复。留给他们的时间并不多，所以君士坦丁堡的所有大臣们都聚在一起，商量着应该让谁把这封电报送上去。那些心腹根本不敢对阿卜杜勒·哈米德二世有所隐瞒，他们也负不起这个责任，因此阿卜杜勒·哈米德二世一直都知道起义运动的始末和动向。大家也都知道谁把这封最后命令送到阿卜杜勒·哈米德二世手上，谁就有可能失去君王的恩宠，所以，自然没有人会想去做这件事情。最终将通牒呈给阿卜杜勒·哈米德二世的人是典礼官加利布帕夏。出人意料的是，阿卜杜勒·哈米德二世在看过通牒之后，并没什么过激反应，甚至还说重启宪政是一个好法子，因为他自己其实也在为重启宪政而努力。可是在 1908 年 7 月 23 日的夜里，阿卜杜勒·哈米德二世在耶尔德兹宫仓促地召开了大臣级政务会议，他又思考了一下自身立场，觉得自己不应该任由一个没有得到承认的组织左右。于是在这次会议中，大家又因为重启宪政的问题大吵了起来。穆罕默德·赛义德帕夏和穆罕默德·卡米勒帕夏都在极力劝告阿卜杜勒·哈米德二世迁就统一与进步委员会。之后阿卜杜勒·哈米德二世政府又被阿尔巴尼亚人从费里罗维奇发来的电报所打击。可若是政府不答应最后命令上所提出的要求，那么君士坦丁堡的禁卫军、第一军团和奥斯曼帝国亚洲省份的保皇派们的忠心将会经历一场重大考验。政务会议中的大臣们争执不下，他们还询问了阿卜杜勒·哈米德二世最信任的阿拉伯占星师的看法。据称"宪政"一词便是由阿拉伯占星师首次提出的。谢赫－乌拉－伊斯兰提出了最终的建议——宪政同伊斯兰圣法一致，若是阿卜杜勒·哈米德二世不认可宪政，那么就是反对圣法。于是在十几个钟头后，也就是1908年7月24日的早上，阿卜杜勒·哈米德二世宣布重新推行宪政，而他的独裁专制在当天晚上画下句号。1908年7月25日早上，土耳其人睁开双眼时，专制政府已经不复存在了。

有趣的是，在起义军知道阿卜杜勒·哈米德二世同意重启宪政的消息时，统一与进步委员会便宣布在马其顿推行宪法。马其顿的官员们也不需要再浪费口舌去宣布什么，这里早就是自由之城了。莫纳斯提尔、韦莱斯和其余几个城镇早在阿卜杜勒·哈米德二世宣布重启宪政的前一天便实施宪法了。游行队伍在萨洛尼卡找到了总巡视长，并以一种诱惑加强迫的口吻让他公开宣读了宪法。在阿卜杜勒·哈米德二世宣布重启宪政时，萨洛尼卡的街道内外早已标语漫天，百姓们也在奔走相告，共同庆祝这来之不易的自由。统一与进步委员会在1908年7月24日宣读了阿卜杜勒·哈米德二世的赦令，堡垒中的政治犯都被放了出来，这座堡垒是修在城墙之中的，屹立于城市之上。当宪政恢复时，堡垒的看守者都兴奋地跑出去庆祝了，于是其他犯人也跟着出来了。

值得一提的是，当时大家急着庆祝重启宪政，所以相关标语上用的都是旧历，日期写着1908年7月11日，也就是新历1908年7月

24 日。

不过这并不代表着所有事情都告一段落了。1908 年 7 月 24 日的那张写了阿卜杜勒·哈米德二世答应重启宪政的赦令被小心翼翼地收了起来，那上面还写有获释人员和晋升人员的名单。统一与进步委员会在 1908 年 7 月 25 日放出了一大群政治犯，而且发出了公告，上面写着将会对间谍进行审判。除此之外，阿卜杜勒·哈米德二世既未答应在重启宪政的公文上签字，也未发誓要以宪法为准。所以统一与进步委员会赶紧把马其顿的一些驻防部队调去了君士坦丁堡，他们这次还是专门坐火车过去的，到了君士坦丁堡后，他们就在耶尔德兹宫周边安营扎寨了。统一与进步委员会的 4 位成员在 1908 年 7 月 31 日要求谒见阿卜杜勒·哈米德二世，而且他们在入宫之时，还带了一把已经上膛的左轮手枪。他们的打算是若阿卜杜勒·哈米德二世不答应他们的要求，就直接开枪了结阿卜杜勒·哈米德二世。当然他们也知道自己有可能会牺牲，并且已约定好，要是任务没有成功便把一条白手帕丢出窗口，这个时候听命于他们的士兵便会主动攻击禁卫军。不过这条白手帕根本没有派上用场，因为阿卜杜勒·哈米德二世直截了当地签字宣誓了，而且他还在谢赫－乌拉－伊斯兰和大维齐尔面前又宣了一次誓。

不过统一与进步委员会可没就此停下脚步。阿卜杜勒·哈米德二世口头上是答应了重新实施宪政，但他牢牢掌控着自己可控的势力范围。阿卜杜勒·哈米德二世在答应重启宪政之时提出要求，不可以剥夺其任命的陆军、海军和内务官员的权力。不过他自己也知道统一与进步委员是不会答应的，那些拿生命做赌注加入了起义大军的海军和陆军军官也不会因为一纸宪法而将自身指挥权拱手让给耶尔德兹宫，土耳其百姓更不会愿意让司法权、教育权和民事管理事务权落到一个皇家内政大臣手上。阿卜杜勒·哈米德二世知道自己不能改变大局了，于是只能退让。他答应即将成立的议会摘掉三位朝中重臣的乌纱帽，在百姓的施压之下，他还在大维齐尔职位上做了妥协。阿卜杜勒·哈米德二世提拔的是穆罕默德·赛义德帕夏，他是自由派的。他本来想继续耍手段，表面上答应改革，但是改革的时间由他来定。可是，穆罕默德·赛义德帕夏之前曾经参与过停止宪政的行动，所以百姓们现在集体要求他卸任。于是穆罕默德·赛义德帕夏在1908年8月5日辞去大维齐尔一职，穆罕默德·卡米勒帕夏走马上任。

马其顿人得到了自由，而且这个过程没有发生流血事件，大家欢呼雀跃。人们现在最不愿看到的就是不停地暗杀和反暗杀，可是这并不代表着这一行为就这样被终止了。土耳其政府如今的转变似乎是解除了暗杀的诅咒。基督教徒、土耳其人，还有保加利亚人和希腊人之间的仇恨在友爱和自由的氛围之中已经不值一提。在翻阅萨洛尼卡人庆贺自由的各项活动的记载时，我似乎是在观赏一场美妙的梦境。每个人都处于喜悦的状态中。在内陆，那些和政府为敌或是以抢劫为生的逃犯也参与到了这场狂欢之中。他们衣衫褴褛，却喜笑颜开。他们全副武装，并未像大家所想的那样丢掉武器；他们也来到了大街上，走入了和平的游行队伍，和大家握手、亲吻，然后坐进小酒肆中，同保加利亚人、希腊人、犹太人或是土耳其人一起唱歌狂欢。在克里特岛或塞萨利召集的小分队之前也去到了马其顿，帮助了正在争取独立的希腊人民。如今，统一与进步委员会出于礼节，也派船将小分队送返故土。统一与进步委员会还接见了一些叛乱者，譬如阿波斯托尔·佩特科夫、亚涅·伊万诺夫·桑丹斯基，等等，他们代表了，准确地说是以前代表了当地真正的反政府力量。教会中的重要成员全部加入了这次的游行。保加利亚牧师、土耳其毛拉[1]、希腊大主教在大家的欢呼声中，给了对方一个大大的拥抱。数以千计的游客乘火车而来，他们都是来看马其顿的，而火车车厢上的红白图案正是代表着宪法。阿卜杜勒·哈米德二世在答应重启宪政后，还把萨洛尼卡自由塔周边的土地送给了统一与进步委员会。革命爱国剧《祖国》便是在这里演出的，其目的是给青年土耳其党筹集活动经费。

土耳其的女性们也被这种喜悦的气氛所感染，她们首次摘下面纱，并且和男性一同参加了这次的庆祝活动。这次的自由与和平来得太过艰难，土耳其人如履薄冰地守护着它们。有人提议审查邮局书刊，可大家立马就表示了反对。委员会还张贴了公告，希望大家能以自由之名尊重每个人的生命权与财产权。

这次革命对奥斯曼帝国所产生的影响随处可见。自巴格达到约阿尼纳，每个人都在用不同的形式表达着对宪政的欢迎。而在君士坦丁堡内，大家并没有发现是起义行动让宪政得以恢复的，于是他们认为

---

[1]　毛拉（Mullah），伊斯兰教的神学家。——作者注

这是阿卜杜勒·哈米德二世的大发慈悲，他们还齐聚于耶尔德兹宫前，赞颂着伟大的阿卜杜勒·哈米德二世。与此同时，阿卜杜勒·哈米德二世还答应统一与进步委员会，将他的心腹们全部罢免。那些被发配到蛮荒之地的人们逐渐返回故土，其中不乏一些已经5年甚至是20年没有见过自身好友的人。曾经被放逐在外的亚美尼亚酋长伊斯米尔利也重返部落。在恐怖大屠杀爆发时，穆罕默德·弗阿德帕夏为了保护亚美尼亚难民挺身而出，并因此被发配到了大马士革，如今他重返故乡后，得到了百姓们的爱戴。人们为了纪念这件事，在亚美尼亚公墓举办了神圣肃穆的追悼会。基督教牧师与伊斯兰教毛拉一起为"争取自由而牺牲的英雄"祷告。

第 5 章

革命是怎样发生的

　　萨洛尼卡第三军团的军官基亚齐姆·奥扎尔年纪不大，却写出了话剧《革命是如何发生的》，其内容讲述了起义军在过去数月内的经历。我们一行人是在几个委员会成员的带领之下去观看的，他们之中有人是亲自参加了话剧之中所提到的事情的，他们也告诉我们，剧中所讲述的事情大多都是真的，只是有一些地方为了营造出戏剧效果而进行了艺术加工。伊斯梅尔·恩维尔帕夏便是其中之一。军官们在我们观剧之时会压低声音跟我们讲解剧情。

　　土耳其的军人们在冬季之时会因为缺少粮草补给而经历很多痛苦，这部话剧便是为了给他们筹集粮饷而创作的。所以，话剧演出也算是官方组织的了。拉沙德·埃芬迪[1]还为话剧提供了赞助，其子就坐在右边的贵宾位置上。拉沙德·埃芬迪与其儿子在这几年间都被关在博斯普鲁斯的宫殿之中，不管他是作为储君还是苏丹。他的儿子们也从小就被限制了行动，在此之前根本没有来过剧场。所以在话剧首演之时，除了寻常观众外，还有一些贵族也来到了剧场之中，共同庆贺这来之不易的自由。

就在话剧演出之时，有个人突然出现在乐队面前，并且高声呐喊道："恩维尔万岁！"场下的观众全部站了起来，就像约定好的一般齐刷刷地看向位于舞台对面的我们。随后大家立马将目光投向了一名衣衫整齐的年轻军官。他身着一套质朴的深蓝色军装，以及一条灰色披风，这是骑兵常穿的。随着人群中发出一声呐喊，所有人都开始鼓掌，掌声经久未息。这名军官慢慢站了起来，向两侧鞠躬，随后坐回位置上，小声地说着，大家误会了，他并非革命的功臣，他的战友们也在为革命的成功而拼搏。这个和我们站在一起的人是被大家当作青年土耳其党的"朱塞佩·加里波第"[2]之人，而这一刻也是值得被铭记的。

随着帷幕缓缓上升，大家看到了一个马其顿下级军官的房间，里

---

[1]　拉沙德·埃芬迪（Recha Effendi，1844—1918 年）：他的兄长便是阿卜杜勒·哈米德二世。青年土耳其党在 1909 年罢免了阿卜杜勒·哈米德二世，并且推举拉沙德·埃芬迪担任奥斯曼帝国苏丹一职，后世称其为称穆罕默德五世。——译者注

[2]　朱塞佩·加里波第（Giuseppe Garibaldi，1807—1882 年）：意大利著名的爱国人士、军人，和卡米洛·奔索·迪·加富尔伯爵、朱塞佩·马志尼被后世并称为意大利开国三杰。——作者注

面有一张床、一个沙发、一张书桌。男主角别哈莱奥的警卫走了进来，他手上拿着一封信，对别哈莱奥说道："这里有一封给您的家书，这可真是个好消息。送信之人让我转告您，您的夫人现在过得很好，孩子也在茁壮成长。你很长时间没见到他们了吧？应该有 6 年了？其实您的服役期应该只有 4 年。政府实在是过分！"……在完成了一整天的工作后，有 4 名军官走了进来，同别哈莱奥一起喝茶。他们其实都是"自由主义者"，于是很快就聊起了大业。一位军官说道："其实很多问题已经讨论过了，我们说得实在是太多了，现在我们最需要的是动起来，而不是一直在这里争论。"别哈莱奥说的话是有些哲理性的，他回答道："你说得对，也许我们根本不能亲眼见证自身努力的成果，但别人终究是可以见到的。我们的确应该采取行动了。"

就在这个时候，有人把一封信送了过来，信中提醒他们这附近有间谍，监视着他们的一举一动。一位军官说："让他们看着吧！我们怎么可能笨到把说的事写在纸上呢？他们绝对查不到任何东西。"另一位军官也说道："我实在是忍受不了马其顿现在的情况了！就在几天前，我手下的二队士兵死在了一群保加利亚人的手上。这究竟是为何？"别哈莱奥说："这些人真的坏到骨子里了，可你能怪他们吗？不能！因为他们也想要自由，而且他们就是为了这个目的而行动的。他们的所作所为实在是令人发指，可是他们的出发点没有错。卡斯托利亚周围的阿尔巴尼亚人也是这样。就算我们对他们发起进攻又能有什么用呢？他们不过是邪恶的代表罢了，我们要做的是斩断邪恶的根源。"话音刚落，观众席便爆发出了热烈掌声。别哈莱奥继续说道："如今，人命贱如草芥，若是我们仍旧不能做出改变的话，那么土耳其势必会走向灭亡。每天的无意义的工作正在将战士们的士气一点一点耗尽。"这时一个悲观主义者开口打断了别哈莱奥的话，他说道："你说的这些有什么用呢？我们不过是最寻常的士兵而已，怎么能让百姓们团结起来？我们所做的一切根本是无用功。"别哈莱奥反问道："你的意思是我们没办法唤醒大家吗？我们现在是在以生命为代价去保护一个无能专横的政府——我们是谁？我们（的祖国）一度是个征战四方、战无不胜的大国，曾经是世界上实力最强悍的一个国家！我们可以立贤明之人为苏丹，也可以将无能之人推下帝位。曾经，在波斯之战中，在萨利姆三世不答应军队要求时，我们可以在他的营地内揭竿而起。而现在，我们沦为了欧洲最弱的国家。每个文明之人的基本道德要求就是真心地爱国，可是如今坐在高位的那些流氓和疯子却将爱国当作犯罪。你觉得我们根本没有办法改变奥斯曼帝国，但我觉得我们可以。我们只需要一部宪法、一个议会便能得偿所愿！而那些间谍们终究会得到报应，神明将会以彼之道还施彼身！等到了那一天，他们将成为人人喊打的过街老鼠，毫无立足之地。不管是拥有希望，还是面对绝望，我们都要坚持奋斗，因为我们曾经都对天起誓了。"

之后军官们陆续离开，只余别哈莱奥一人。接下来登场的就是他的爱人维多利亚。维多利亚是希腊人，也是一个孤儿，她是被土耳其人抚养长大的。旁边的委员会成员低声告诉我们："希腊人与土耳其人的爱情，代表着奥斯曼帝国凝聚在一起。"

这个时候，观众席忽然安静了。舞台上别哈莱奥的警卫正将一些不速之客拦在门外。可这些人直接推开了警卫破门而入。当中有一名军官的真实身份是间谍，他带人闯入了别哈莱奥的房间。别哈莱奥跳窗而逃。这些人将房间的床、抽屉、窗帘等处都查看了一番，想要找到别哈莱奥的犯罪证据，但是他们一无所获。间谍军官突然倒地哀嚎道："糟糕，我不能升职加薪了！"第一场戏便在这种略带滑稽的氛围中落幕了，情节出人意料并且十分有意思，大家纷纷鼓掌喝彩。

第二场戏开始了，背景是在小亚细亚的一个偏僻小镇。成功逃离了马其顿的别哈莱奥来到了色萨利的沃洛，而且还在这里遇见了维多利亚。这时候的维多利亚已经变成了一位伊斯兰教徒，并且改名为"希望"。他们两人在这里结为了夫妇，别哈莱奥为自己伪造了律师的身份，开始做一些法律方面的工作。这位身穿黄色长袍、头戴白头巾、蓄着漂亮胡须的人私下进行的任务却是发展统一与进步委员会的分部。如今，他那位悲观主义的军官朋友也成为了一位革命者，并且工作十分积极，并且此人还因为某些军务前来沃洛。在和别哈莱奥重逢时，他如是说道："可算是找到你了！刚刚你从我身边走过，我差点认不出你来。我还问了这里的长官是不是认识一个刚来不久的律师。他却跟我说你是个危险分子，在法庭上争辩之时，经常说一些激进的叛国言论。他这么一说我就知道肯定是你。你在这里的进展如何？"别哈莱奥回说："我的进度比较慢，现在也只发展了两个成员，可我需要的人远远不止这个数量。我自己过得还行，我知道组织的钱都是要用在发展革命大业上，所以我绝对不会伸手找组织要钱。我现在做律师有了一点点积蓄。我想问一下，在我逃跑之后，我的手下怎么样了？"军官说道："唉，间谍对他严刑拷打，但他什么都没有说。"别哈莱奥说："这样就好……我要向你介绍一个人，他是我的新朋友，在这里教书。"

话音刚落，一名老师上台了，看着是一个滑稽的小老头，鼻梁上架着一副眼镜，虽然比较年长，但有些害羞，不过身体倒是很硬朗。他开口说："若是大家了解他们本来应该享有的权利的话，那么独裁专制便会如多米诺骨牌一样全部倒塌，可惜大家都不知道！唉，这就是独裁专制造成的后果，真是滑天下之大稽。就以我自己为例吧，我其实最擅长的是数学，可是政府先让我去教历史，又让我去教语文，现在，说出来你也别觉得奇怪，我又去教了法语。可我最拿手的明明是数学！不过，如今对于我而言，不管教什么都是可以的，没有任何区别，因为我只会教给我的学生何谓自由！可是我实在是太无能了。我的所有精力都被政府的这些事情消磨干净了，我没有勇气了。"别哈莱奥问："政府怎么还没有关闭学校？他们想要愚弄百姓，最好的途径不就是关了所有学校不让大家接受教育吗？"教师回答："唉，政府办学无非是做出一副开明的样子给那些外国的领事看而已，其实他们并不会让学校向学生传授多少知识。"别哈莱奥听了之后说："放心吧，现在的情况已经有所改变了。士兵们都很反感政府，我们和之前的军官也不一样，绝对不会欺压士兵的。士兵们对我们有敬爱之心，慢慢也会爱上自由的。革命就要来临了，你不必担忧。"

正在他们说话之时，门外出现了砸门之声，一个间谍带着他的手下再度破门而入，将别哈莱奥等人抓了起来。间谍得意扬扬道："我早就知道你们这些叛徒在图谋不轨了。"教师大声叫道："请您明察秋毫啊……我不是他们的同党。"观众席中爆发出一阵笑声，第二场戏就这样结束了。

第三场戏的故事背景是军事法庭。别哈莱奥和他的军官朋友被带回了马其顿。一位法官走了进来，他是自由主义者。别哈莱奥的夫人跟在他身后，恳求他帮忙救自己的丈夫。法官一脸神秘地说道："虽然法庭一定会对他进行审判裁决，不过你不必担忧，我们一定会出手的。"随后他以身体不适为由不出庭，并且吩咐秘书把这个消息告诉别的人，然后便匆匆离去。接下来几个红鼻子法官进来了，他们身形晃动，很是猥琐。观众席在他们出场时发出了一阵嘘声，因为他们就是旧政府的将领们，而且他们的官员位置完全是靠着讨好阿卜杜勒·哈米德二世得来的。有个人说："已经过了三天了，我们应该给他们定罪了。对于这种不忠于阿卜杜勒·哈米德二世国王的所作所为，我们是绝对不能容忍和纵容的。"别哈莱德和他的朋友既不坐下也不行礼，只是双手抱胸站在那里，脸上写满了不屑。一位法官开口说道"阿卜杜勒·哈米德二世国王对你们那么好，为什么你们还想着要造反呢？"别哈莱奥回答道："好处？这你需要去和那些间谍说。我们从未得到过阿卜杜勒·哈米德二世所带来的好处，而我也根本不在乎他。我只会对我的国家敬重，我不允许有势力操纵我的国家。"话音一落，台下的掌声经久不息。法官又问："那你听从的那个组织又能给你何种好处？"别哈莱奥说道："他能挽救我的国家！能给我想要的一切。"这时，台下又是一片叫好之声。

而此时台上响起了号角之声，随后便是一片嘈杂。在听到武器咔嚓之声和砸门之声后，一群步兵进来了，其领头者身穿卡其色军装，这是为了起义专门定做的。在起义行动爆发后，现在坐在我们旁边的这些人也曾身穿这一身卡其色军装。毫无疑问，这个领头人就是伊斯梅尔·恩维尔帕夏。在台上的起义军救出被关押的人们并且带走了那些法官后，台下的观众们都很是兴奋。一名法官说："一切都是埃哈迈德·伊泽特帕夏要求的，我们不过是奉命行事而已，请对我们手下留情啊！"伊斯梅尔·恩维尔帕夏反问道："手下留情？当母亲们求你们放过孩子之时，你们有手下留情吗？当姑娘们跪在你们面前苦苦恳求你们放过心爱之人的时候，你们有手下留情吗？你们整天自以为是，觉得统一与进步委员会没有能力，可你们根本不会明白我们代表的就是土耳其的所有人民。快滚吧！"然后他们便让别哈莱奥做他们的领军人。别哈莱奥却一口回绝了，他说："不可以这样，我不过是革命道路上的一个平凡士兵而已。我之所以这么做是因为我希望宪法的守护神会保护我们，会站在正义这边。"

话剧的最后一个舞台场景让人毕生难忘。起义军在马其顿山林中郑重起誓，并且发表了关于"自由""团结""宪法万岁"的演讲。一直在向我们讲解剧情的人在看到这一幕时也被深深触动了，他的讲解也不像之前那样连贯流畅了。许是因为心中热血澎湃，所以他的讲解之中也是饱含情感："别哈莱奥从始至终都在反抗独裁专制……这才是真正意义上的爱国……"也就在这个时候，话剧演出圆满结束，帷幕缓缓落下。

第二部分

土耳其革命来袭后

第 6 章

革命结束后

我是在革命开始前的9个月参观了君士坦丁堡。入境之时，我们在一阵混乱之声中醒了过来，看到海关人员直接把我们箱子中的衣服鞋子全部翻了出来，并且还说要把我们的旅行手册和身边带的书全没收了。好在大家都知道土耳其的检验系统并不是公正严明的，所以我们略施钱财便安然过关了。大家是在夜里才到达目的地的。因为君士坦丁堡内处处都有间谍，所以我们也不能和土耳其知识分子沟通交流。阿卜杜勒·哈米德二世想法天马行空，下令关闭了圣索菲亚大教堂。在这里，我们从人们的脸上看到了迷惑和不解，他们在宾馆交流之时也会下意识地转头查看身边的情况，确定没有人在监听后他们才会继续聊天。在这里，你随便翻开书籍、报纸或者手册都找不到"自由"和"宪法"等词语，在大街上你也很难找到书店或者是报亭。为数不多的希腊语和法语期刊就跟政府公文一样乏味无聊、空洞无用。除此之外，在土耳其境内到处都有军队不满政府的谣言——神学院的学子加入了自由主义运动之中的谣言，阿卜杜勒·哈米德二世因病驾崩后肯定会爆发起义的谣言，俄国的泛斯拉夫主义萌芽的谣言，耶尔德兹宫的那些奸臣打算跑路的谣言，圣彼得堡外务办公室私下又有新动作的谣言，等等。这些谣言所说的事或许会发生或许不会发生，百姓们对这些事也是或期待或害怕。

虽然现在的情况是这样的，可所有的事情依旧是由距离博斯普鲁斯海峡4英里远的耶尔德兹宫全权处理的。这里聚集着阿卜杜勒·哈米德二世和他所宠信的手下们，是奥斯曼帝国的中枢机构。这里有规模极大的秘密武装部队、有着世界上最严格精密的情报部门；也有着一般政府部门根本无权知道的、可以直接联系阿卜杜勒·哈米德二世的电话线；还有许多和提线木偶一样的政府官员。耶尔德兹宫位于伊斯坦布尔的心脏地区。自品都斯山向下凹陷的地方，也就是奥赫里德，到位于南边的费利克斯，加上东边的库尔德斯坦废墟，耶尔德兹宫的间谍遍布奥斯曼帝国的边界地区。博斯普鲁斯海峡在阳光的映射下耀眼迷人，当夕阳西下时，阳光洒在了灰暗的清真寺、洁白的角楼和红棕金三色混杂的屋顶之上，很是漂亮，可这些掩盖不了奥斯曼帝国的忧郁，伊斯坦布尔也是如此。

我在革命开始的第4个月后再度造访土耳其。我们一行人乘坐着东方快车，聚集在豪华的卧铺车厢中，于夜深人静之时来到了土耳其边境。海关工作人员把我们叫了起来，问我们是否有携带"要申报应征税"的东西。在我们告诉他们没有之后，他们便彬彬有礼地向我们道了一声晚安，并且把电灯关了。在之后的旅行中，我们经过了一座清真寺，但没有人对我们进行盘问与审查。我们就这样把《罗马帝国衰亡史》《圣经》等非法的革命书籍和一些普通文学书籍带入了君士坦丁堡，一路都是畅通无阻的。

在进入火车站后，这里还是有很多库尔德挑夫在抢着给旅客搬行李，场面十分混乱，不过还是比以前要好一些。这次，我们在大街上看到了繁华的景象，大家的脸上满是喜悦和自豪，再也不是愁云惨淡的表情了，街道上也都有了书店，报童们沿街叫卖着各种报纸和杂志，其中有土耳其语的，也有希腊语、德语、意大利语、法语等其他语言的。现在任何人都有了阅读的权利，就连马车夫也会坐在自己那又老又破的维多利亚小马车上了解各种新知识。这些报道既有政治和国情的，也有外国现状、议会、首领、民主运动和民族纠纷的，我可以在上面得到关于土耳其军队、铁路和贸易的消息，也可以看到很多新鲜的娱乐方式、话剧表演、八卦新闻，以及伟人之间相互沟通的内容。在剧院外可以看到剧场的工作人员们正在把演出所需要的道具从四轮货车上卸下来。拉车的是一只黑色大水牛，它有着一双白色的眼睛，正平静地看着天空，眼中也有好奇之色。剧院即将演出的剧目是《年轻的鹰》，观众席上坐满了人，他们对这个剧充满了好奇，而莎拉·贝恩哈特夫人[1]也在后台做准备。

---

[1] 莎拉·贝恩哈特夫人（Sarah Bernhardt，1844—1923年）：法兰西舞台剧女演员。19世纪末20世纪初，她出演了许多部法兰西的畅销剧作。——译者注

最好玩的是我们路过一座用不平整的木板铺就的跨过金角湾[1]的桥时，看到了一个乐队正在演奏土耳其国歌，这支乐队应该是选民们临时组成的。他们舞动着印有白色月亮和星星的红旗，踩着节奏前行，很是整齐。他们迈着神圣的步调，想把自己的选票投给心中的奥斯曼帝国议会中君士坦丁堡第6选区的最佳议员人选。

大家频繁使用"势如破竹"进行夸大修饰，这使得它已经没有了原来的气势。可是在革命完成后，大家对此的第一印象就是"势如破竹"。全新的景象、以前没有出现过的声音，还有崭新的观点铺天盖地地奔来。在我们尚未仔细品味这些时，便已经出现了新的景象，掩盖了以前的很多印象。而且在之后的一两周内，还有很多新现象源源不断地出现，所以现在我们只能尽全力去记住那些短暂的画面，并将其印入脑海深处。

那些了解君士坦丁堡过往的人如今更加喜欢这座城市了。不过有了旧面貌才能知道何为新面貌，是土耳其过往的历史映衬出了现在的全新局面。君士坦丁堡占地面积大，充满了神秘感，有着亚洲和欧洲的特点，居住在这里的人们来自五湖四海。这里风景独美，山丘上穹顶高挑，宣礼塔屹立。一望无边的博斯普鲁斯海峡，碧波荡漾，金角湾上也有着各种各样的帆船。曾经的君士坦丁堡被旧政权所统治，被猜忌、残忍这些负面情绪所笼罩。东罗马帝国的衰败，让整个世界都

---

[1] 金角湾是土耳其欧洲地区博斯普鲁斯海峡的海湾。——作者注

为之惊讶，土耳其入侵者所摧毁的城墙、圣索菲亚大教堂等留在被征服地区的遗迹，总会让人不由自主地想起以前的罗马帝国、查士丁尼大帝和君士坦丁大帝。将时间的指针向前拨动，回到罗马帝国刚建立之时，那时候希腊的探险家们来到了那些没有被开发的地区，君士坦丁堡便是在这时候登上了历史舞台，我们在君士坦丁堡可以看到人类记忆的浓缩，给人恍如隔世之感。

在 1907 年，谁都想不到君士坦丁堡会出现革命。而现在，伟大的革命还会继续下去，历史的长河永远不会停歇，没有人可以逆流而上。君士坦丁堡也有着自己的历史洪流，它在奔涌向前时，也会遇到新的洪流，两者相撞出现新的浪花，掀起巨大的漩涡，逐渐偏离原有的轨道，然后和新的浪花融为一体。

君士坦丁堡为什么会出现这种翻天覆地的变化呢？我们和一些革命者进行了交流，他们也许是统一与进步委员会的成员，也许是普通百姓。他们对自由心向往之，所以私下传播着革命的思想，可他们也许都经历了非常人能承受的痛苦和限制，或许被流放或许被下狱，或许失去至亲好友。在和他们交流之时，我们真实地感受到了土耳其这些年来的变化，真正认识到在旧政权的压迫之下，许多穆斯林和基督教徒都无处容身。刚开始我们并不相信这些说法，可在看到一个又一个的事实真相后，那些人的详细经历似乎就这样出现在了我们的眼前。慢慢地，我们看到了革命运动的一波三折。士兵们对当局者不满，许多受相同的革命精神指导的地下宣传渠道，将更多人联系在一起共同对抗压迫的奇怪现象，还有政府以残忍的手段征服、采用欺骗的方法到处镇压革命的行为等，都给我们带来了巨大的震撼。大家不是不了解那些带有煽动性的言论有多危险，但还是愿意接受。

我们逐渐地将 1908 年 7 月所发生的各大历史事件复原，比如统一与进步委员会的计划差点被发现、他们毫无征兆地将行动提前、马其顿制定出了宪法标准、向阿卜杜勒·哈米德二世发出最后通牒、在专制政府被推翻后，其仅有的一些支持者也离他们而去等事情。

我们无法知道是谁带头开启了这个举世震惊的革命运动，又是谁点燃了导火索。不过我们可以确定的是，这些参加革命的人，有的是青年、军官、低级文官，也有的人是教师、医生、地主或记者，他们现在正值壮年，充满生气，做事也是胆大心细，自然而然地便发起了革命，他们甚至没发现这在土耳其历史上是一场史无前例的革命运动，而自己便是发起者。他们在进入耶尔德兹宫之时，面色平静，行为举止合乎礼法绝不莽撞，也不害怕。而现在，他们留在专制政府的中枢机构里就像留在家中那样自然放松，在他们看来，推翻专制政府只不过是一件顺其自然的事情。可是这种做法在昨天是会被斩首、流放的。若是现在当局者还是专制政府的话，他们一定无法善终。

现在正处在土耳其政权的空档阶段。土耳其内阁既非君主所建，也非议会所创，由于现在阿卜杜勒·哈米德二世已经失势，议会也还没有建成，所以政权的空档阶段至关重要，但也充满了危险。要想顺利度过这一阶段，最好就是让革命的积极分子保持对土耳其政府各部门的总体运行情况的密切关注。

究竟哪一方面会是土耳其未来局面走向的重要因素呢？首先，阿卜杜勒·哈米德二世退让了，他公开表示会接受以宪政为前提的君主政体，并以此来处理外交事务。其次，身为穆斯林精神导师的谢赫－乌拉－伊斯兰，很有勇气地对外宣称宪法和伊斯兰圣法地位相同。他是最有可能阻止发生暴力事件的人了。而后，大维齐尔穆罕默德·卡米勒帕夏必须要在考虑阿卜杜勒·哈米德二世的影响的同时，还要顾念民众的改革意愿。再者，萨巴赫丁·德纳·沙泰尔亲王对于改革派一直都是保留意见的，并且更偏向怀疑，他也在担忧皇权太过集中了。最后，青年土耳其党的各个领袖都不愿意称自己为领导者，可他们一定会在重建政府机构支持发挥重要作用。以上所提到的人全是奥斯曼帝国政局中的重要角色。

眼下，我们还不能确定奥斯曼帝国的政治主色，不过我们可以确定"东方绝不改变"不符合土耳其的当下局势。"东方"确实发生了很多让人匪夷所思的事情，其中有好有坏，而且接下来还会有更多这类事情发生。

白雪落在了君士坦丁堡的土地之上。

我看向窗外，在安静的金角湾海港彼岸有一堵很长的墙，还有许多塔楼。穆罕默德二世[1]是第一个带兵攻破了君士坦丁堡外这道城墙的人，东罗马帝国的末代君王也败在了他手上。在金角湾右侧有一块

---

[1] 穆罕默德二世（Mehmed Ⅱ，1432—1481 年）：奥斯曼帝国首领。他在位之时带领奥斯曼帝国攻占了君士坦丁堡，打败了拜占庭帝国。土耳其人和一些穆斯林，都将其视为盖世英雄。——译者注

墓地，占地面积很大，地上有许多短桩子，它们上面都有个以石头为原料做成的古雅毡帽。金角湾左边则是七座小山，很多人觉得这就是传说中的罗马七丘。在远方还有个广场，君士坦丁大帝未将君士坦丁堡作为首都之前便是在这里安营扎寨，古罗马人也会在这里商量事务或是提起个人诉讼。再远一点就是耶尔德兹宫了，它有着圣索菲亚大教堂式的穹顶，这一带还有政府办公室和罗马竞技场。罗马战车曾经在此处穿梭，奔赴战场。可是罗马帝国内的党争动摇了国之根本。

如今金角湾周边只剩下一些经过了历史洗礼的纪念性建筑了。罗马帝国的辉煌已经不复存在，这里还有很多不知名的小房子，基本是用木头搭成的，房子之上凸出来的是代表着奴役妇女的格子窗，在房子之间有着各条小路。就算靠得近一些，也很难看清那些窄窄的小巷的样子。

现在金角湾已经被厚达 8 英寸的积雪覆盖了，可是这个景象并不美好。从远方看，现在的金角湾的确很漂亮，可对于一个喜欢日光的城市而言，白雪所携带着的呼啸寒风实在是太让人难受了。而土耳其内，许多贫苦之人的屋子是四面漏风的，所以大雪对于他们来说无疑是一场灾难。我们就算是穿着君士坦丁堡贵族们的标志性厚长靴，也只会在白日里出一次门。而那些走在积雪覆盖的大街上的普通人，没有这种长靴，只能步履蹒跚。马路旁的流浪狗为城市清扫着垃圾。它们有时会抱团取暖；有时会为了一点残羹剩饭而打架；有时便站在原地不动，神色忧郁。

土耳其人现在最关心的就是政治了，每个地区的选举马上就要结束，议员们也都纷纷赶往君士坦丁堡。在那些不认识的希腊人、亚美尼亚人、叙利亚人、犹太人、保加利亚人、土耳其人、阿拉伯人，还有库尔德人的神色中，我们可以参透出什么？绝不动摇的改革派即将成为土耳其的核心政党。那么，与此同时，还会出现什么样的党派呢？反对派、民族国家派还是别的党派？所有都是未知的。以后的土耳其还会面对很多考验，不过革命的领导者们都希望可以建立起良好的社会公序，让所有民族都可以平等相处，享受同样的权利。他们的初衷都是好的，可若是想继续和土耳其人都很重视的英国人做朋友的话，那么新政权的建立就必须基于好的秩序，还有平等与自由。可是现在，不同民族间都还有各自的恩怨，不过这并不是无法消除的。阿卜杜勒·哈米德二世政府一直在尽力打压教育发展、控制人们的思想，可在之前的 30 年间，土耳其的教育事业以及人们的思想一直都没有止步不前。如今土耳其的年轻人都知道，要想建立起一个文明国家，必须要在哪些方面达标，也了解战争是影响文明国家的危险因素之一。不难想象，无论一场武装冲突是否成功，它都可能让专治政权东山再起。

土耳其人现在情绪高昂，对议会充满了期待。召开议会前的所有准备工作都在快速进行，可还是有很多东西没能稳定下来。门一直紧锁，屋内满是尘埃。据称在革命爆发前的几个月，正义殿的大门居然自动开启了。位于伊斯坦布尔郊外的多尔马巴基宫毗邻耶尔德兹宫，其环境条件确实要优于正义殿，可是这里似乎和现在的民主氛围有些矛盾，那么要不要在这里召开议会呢？

而且，到底是让谁来主持议会？阿卜杜勒·哈米德二世是让权于君士坦丁堡的公众人物了吗？不，他从来都没有放权。若是阿卜杜勒·哈米德二世不把握住这个收买民心，消除民族恩怨的大好机会，那么他会把权力交给大维齐尔吗？或者是采取一些改革者的私下建议，让皇储来召开议会？现在崇尚自由的土耳其人很是同情一直被限制了行动的拉沙德·埃芬迪皇储，甚至会对他产生爱戴之情。拉沙德·埃芬迪皇储会在议会开始后的君主演讲中发布什么样的政策呢？他会向百姓们妥协并进行改革吗？他又会怎样去处理那些国内政坛不能回避的外国干政的问题呢？创建内阁的计划能成功吗？

无论如何，统一与进步委员会都很相信他们的实力，为之后的发展做足了准备，而且他们也知道实施宪政会经历怎样的困难，所以他们并没有将希望寄托在万能的议会身上。无人知道谁是委员会的领袖，大家相信委员会里的所有成员，都会密切关注着新政府的一举一动。他们目标明确、忠心耿耿。很多议员都发誓会大力支持委员会的决策。阿卜杜勒·哈米德二世要求担任土耳其的总统一职，但他只收到了一个回复，那就是土耳其没有这个职位。在土耳其议会召开之前，青年土耳其党人的命运将由经历了旧政权考验的神秘且万能的统一与进步委员会掌控。

第 7 章

自由的意义

在经过加拉塔大桥之时，一名妇女不解地对守桥人说道："给钱？凭什么给钱呢？我们现在不是已经自由了吗？"当青年土耳其党判处了一名持枪杀死基督教教徒的阿尔巴尼亚人死刑之时，阿尔巴尼亚人质问道："这便是你们所谓的自由吗？"还有人假装成统一与进步委员会的成员，以大维齐尔的口气跟大家说，如今不用纳税了。一个小男孩用石头砸向正在驾驶汽车的外国司机，并且在被指责之时说道："我们现在已经自由了！"外国司机反手打了他一巴掌，他却说："这也是你的自由。"在革命落下帷幕之后，相继出现了很多谣言，让人震惊的是，这居然没有影响到国家安稳。欠钱的人觉得所谓的自由是他不用再还钱，劳动者觉得所谓的自由是工资上涨。停靠在博斯普鲁斯海峡的那些船是属于耶尔德兹宫的，船上的工作人员服务态度特别差，粗鲁莽撞，百姓们都很讨厌他们。一天夜里，大家在上船之后不愿意买票。因为一位青年土耳其党官员强势介入此事，双方才没有发生暴乱冲突。次日码头上便有了新的公告，上面写着：政府于近日添置了三艘轮船，请大家自觉购票，落款则是统一与进步委员会。于是乎，大家都买好了船票，等着新轮船。

在革命结束之后，要做的第一件事就是重新建立起公共秩序。在马其顿境内，统一与进步委员会为了平复大家的心情，处死了杀害基督教教徒的两名土耳其人与一名阿尔巴尼亚人。现在，百姓们的情绪也比较稳定了。对于马其顿的希腊人和保加利亚人而言，尽管某些犯罪行为没有得到应有的惩处，他们也没有起诉过那些在旧政权时期所发生的暴行。

农户们早就受够了那些无穷无尽的冲突纠纷了，他们现在只想好好过日子，不受外人打扰。许多农户被迫在1907年移居国外。那个时候，耶尼迭沼泽周边的渔业和编篮产业都停工了，监狱中全部都是政治犯。而到了1908年年尾，许多人可以重返故乡工作，监狱也空了下来。可是民族之间的恩怨并没有真正的消除，这和大家的期望是背道而驰的。不过在时间的洗礼下，大家开始关注选举并且因此有了政治分歧，这使得敌对民族间的恩怨慢慢淡化。不同政党的人们对彼此的态度并不是完全充满敌意的，而是相当于一种监督性质，他们都时刻关注着一切可能会让恶势力卷土重来的微小的预兆。土耳其政府要想平稳地度过过渡阶段，就必须要有严谨的工作态度和与众不同的政治才能。我们想要青年土耳其党知道，他们必须要保持住在百姓心中的最开始的那个良好形象。

1908年10月，在亚美尼亚的某家孤儿院内，一位传教士写下了这样一段话："流血、矛盾、恐惧和民族仇恨消失了，取而代之的是自由、平等和友善。这真是让人不可思议的事情，你能想象，现在所发生的事情都对工作产生了直接影响吗？……这是非同凡响的变化……不但让百姓们觉得应接不暇，也让大家收获颇多。"

君士坦丁堡的社会基本上是维持着原来的秩序。我在街上看到了新的警察部队。他们身穿卡其色制服，腰间别着一把左轮手枪。在君士坦丁堡，我几乎没有见过暴力事件，大家根本无暇去做这些。街上全是情绪高昂的选民们和各民族的游行队伍。无数囚徒重获自由，这之中自然有一些想引起动乱之人。大家都觉得前段时间发生的火灾的始作俑者就是那些刚被放出来的囚犯们。我只身研究过大火之后的现场，可以肯定这场大火是在几个地方同时燃起的。不过，这150万名来自不同民族的人们在面对突然到来的革命时，并没有任何排斥的迹象。与之截然不同的是许多人曾遭遇痛苦，但如今他们心怀感恩，生活美满。以前，士兵粗俗无礼，甚至会对妇女们做一些侮辱性的动作，所以女子在街上遇到士兵之时都会走到街对面去避开他们；而如今这些女性发现士兵们早已改头换面，不仅斯文有礼，而且还爱帮助别人。若非是我亲眼所见，我根本不会相信这一切会是真的。士兵彬彬有礼，在车夫驾着马车策马奔腾之时，他们散开让马车前行；在被街上的游行队伍逼到墙角之时，他们也没有进行任何反抗，就静静站在原处，双手自然下垂，安静地让游行队伍过去。

土耳其的革命可以以一种平和的方式进行的最主要因素应该是土耳其人的温顺性格。在阿卜杜勒·哈米德二世掌权之时，土耳其人也会顺从于他，直到他变本加厉，大家根本忍不下去了才会反抗。而现在土耳其人会听命于统一与进步委员会，议员就算是来自一个偏远地区，也会按照其命令行事。在而后的数月间，王权的实际掌控者都是统一与进步委员会。它掌控了君士坦丁堡选举议员的所有选票。

至于统一与进步委员会，若是有人对其工作有所不满的话，那么别人便会立马列举出它近期所做的事情。大家都在说，是统一与进步委员会推翻了独裁专制，让大家得到了自由；当人们偷偷埋怨专制政府之时，正是他们的人将生死置之度外，立马采取了行动。要是有人问什么是统一与进步委员会的话，我们或许不知道怎样去回答，反正土耳其人都会说："统一与进步委员会万岁！"

人们也会因为突然爆发的革命而产生一些疑惑。有人便问道："为何在此之前从来没有发生过革命？"穆罕默德·弗阿德帕夏回答道："革命就跟拔牙一样。牙坏了，我们会觉得疼痛难忍，可不会想到去治疗它。直到痛到不行了，我们才会想着去看牙医。牙医只需要一分钟的时间就可以拔掉那颗坏牙，让我们不再痛苦。这时候我们也许会想，为何我们要去忍受那些根本不需要忍受的疼痛呢？"

暴力事件并没有给 1908 年的革命胜利染上污点。遗臭万年的埃哈迈德·伊泽特帕夏和阿卜杜勒·哈米德二世的心腹们跑到了国外去，他们在国内的财产全部被没收了；没有逃出去的人被抓了起来，静候法律的制裁，不过很多人也许会被释放。还有一些以损害国家利益而得到巨额财富的人想要争取宽大处理，主动地将财产归还给国家，并且全程都是公开的。阿卜杜勒·哈米德二世的姐夫费西姆帕夏曾经是君士坦丁堡的市长，他为人残暴贪婪，常常会敲诈老百姓。在德意志帝国大使的要求下，费西姆帕夏被革职查办，当时有很多人都逃过了一劫，但他还是丢了性命。心怀怒意的百姓们在布鲁萨街上抓到了费西姆帕夏，随后便动用私刑，将他绞死。

土耳其人依旧处于狂欢之中，共同庆祝着来之不易的自由。

外交官们在商议土耳其之后的发展，他们心中都有个不祥的预感。记者在研究土耳其的革命进程，密切地关注着各国的各种动向。而在这些表象之下，在人们的内心深处，现在最大的不同就是得到了自由。我们不能要求土耳其人把现在的所有受益都当作是理所当然或是自然而然的，然后就这样简单安稳地生活下去。自由已经来了，所有人都抓住了自由、享受着自由，并且为之欢呼喝彩。

我们对自己拥有的自由还有不满，觉得自己应该得到的远不止这些。我们已经忘记了，自由才是进步的基础。回顾1640年、1789年、1848年和1905年的历史，我们可以发现，为了得到自由，人们失去了最珍贵的东西，鲜血染红了整片大地。如今我们居然不懂土耳其人为何会为了自由而欢呼雀跃，用不可思议的眼神看着他们的各种兴奋。君士坦丁堡的旅客们觉得自己正处在一种莫名其妙的欢乐气氛之中，发现他们所看到的事情并非历史学家的夸大其词，而是真正的伟大。

自由对于土耳其人来说，究竟代表着什么？它代表着很多很多，可最重要的就是它代表着人们不需要再生活在恐惧之中了。在旧政权时期就算是达官显贵，也会成为间谍的目标，而被勒索，对于那些身份卑微的人来说已是家常便饭了。在受过教育的阶级里，基本上每个家庭都会有人无缘无故地死去，也会有人毫无征兆地被流放。如今这一切事情已经不会再发生了，人们可以尽情地享受着自由。这是 30 年来土耳其人第一次可以随心所欲地说话；可以看任何想看的书籍；可以随便拜访亲朋好友；可以自由地和外国人来往；可以四处游玩……一个青年土耳其党人曾经对我说过，他直到现在才感觉到自己是在生活。

土耳其女性从革命之中受益匪浅，只是这些受益太过短暂。女性可以丢掉面纱，走出那扇让人抑郁的小窗户，她们可以上街游玩，也能去任何一个公共场所，比如剧院和咖啡厅，她们还能与男性一起坐在敞篷车里，一部分先进女性还可以在君士坦丁堡召开会议。在这场会议上，女性发言人建议要让女性从束缚她们已久的锁链之中解放出来。可这对于普通人而言实在是太前卫了，实在是很难做到。于是在一两周之后就有人开始抗议了，女性再也不能和男子同乘马车，他们还会粗鲁地对待一些妇女。因为许多女性本来就觉得自己的所作所为已经逾矩了，所以她们开始打退堂鼓了，又戴上了面纱，只是不像原来那样把脸包得严严实实。

为女性们争取平等的权利和美好的未来所做的努力付之东流了，这是这次革命的唯一败笔。只靠一场并不怎么复杂的政治革命实在是很难改变社会的传统习俗，但是革命让女性解放运动有了支撑力。青年土耳其党人也是赞成女性解放运动的，不过它的开展太快了，让他们措手不及，因此这项运动被当作了一个危险之举。

革命一旦成功自然是有助于公益的，也能让土耳其取得一系列的进步。大家一致认为旧政权是土耳其人的思想和行动上的最大敌人。所以，我们确实不能真正地体会到土耳其人在得到了自由之后有多开心。思想的解放让土耳其人开始释放自己的灵感，他们迫切地想和外国人进行沟通交流。青年土耳其党人总是自学英语到半夜。在革命结束之后，埃科里·奇维里的一名学员默默地学着英语，在此之前，他已经用英语表达对巴尔干委员会所做演讲的感受。时至今日，虽然土耳其人在接触约翰·斯图尔特·密尔、赫伯特·斯宾塞等人的作品时，是阅读的法语或土耳其语的翻译版本，但在土耳其境内，他们已经是一个无人不知，无人不晓的人物。革命一定会让文学作品如雨后春笋一样出现。据我所知，许多土耳其人都在着手写书，不过因为君士坦丁堡内的印刷机不够，所以许多书籍都还未印刷成册。漫步在伊斯坦布尔的"弗里特街"[1]上，可以真切地体会到土耳其的文化产业和以前不一样了。越来越多的人开始阅读书籍，一个书商就跟我说过，在革命完成后的第一个月书卖得并不好，因为那时候大家都在忙着狂欢庆贺。可是从第二个月开始，书的销售量就呈直线上升，其中卖得最好的是哲学、法律、旅游、军事、科学方面的书籍。之后因为欧洲其他国家开始干预土耳其内政，所以土耳其境内的报纸销量大幅度上升，如今书的销量也是如此。

　　将来，就算没有任何与改革派所做工作有关的记录，但和土耳其

---

[1] 英国较为出名的一条街，一条街上全是报社。——作者注

人得到自由的相关记载，也会一代一代传承。1908 年下半年以来，土耳其人便能尽情地发表看法，不需要再小心翼翼。以前的担忧和仇恨已经烟消云散。土耳其人 30 年的痛苦经历终于画上了句点，而且在这个过程中没有任何人牺牲。我们的心愿是土耳其人能一直善良下去，可以一直看到舞动着红旗的庆祝队伍在小小的街道上穿梭，基督教牧师、穆斯林毛拉一同坐于马车之上。我们是不是可以相信，在白衣小姑娘的注视之下，盖着红布的选举箱会伴着土耳其人的掌声去到土耳其各处？是不是可以相信，饱经折磨的土耳其人绝对不会让土耳其的自由只是昙花一现？

第 8 章

青年土耳其党的佼佼者们

　　青年土耳其党的领导人们最显著的一个特点就是年轻，这也是让人最不能忽视的一点。也就是说1908年的这场革命的主导权是年轻一代，所以革命也成了年轻的革命。在和我有来往的20多个青年土耳其党朋友之中，他们的平均年龄为32岁，有许多人都是1908年革命的领袖，其中已过不惑之年的仅三人，还有的人不过20岁。他们的个性对于青年土耳其党的发展很是关键，我正好和他们有些来往，便来谈谈他们给我留下的印象吧。为了遵守统一与进步委员会的纲领，我不会在书中提到其中一部分人的真名。

　　骑兵队队长名叫阿里，他今年35岁，身材不算高大，肤色偏黑，很是幽默，也很自信。他在战争谋略、军事科学这两方面兴趣浓厚，他还说他对政治、社会主义这些东西完全不了解，而这些东西也不能帮助士兵们。赛利姆是马其顿驻防部队步兵上校，他为人寡言少语，比较严肃，现在负责警察队伍改制工作。他们两个人都是参谋学院派，衣领上有个金色徽章，徽章上刻着长剑、来福枪与大炮，这代表他们十分了解这三种武器。

让人惊讶的是，土耳其的海陆两军所接受的教育是土耳其拔尖的通识教育，是一个相当完整的体系。但土耳其官方，还有专业学校的学习体系却与此大相径庭，毫无秩序，无人管理。因为专制政府疑神疑鬼的，所以一部分偷偷自学的人在找书和交流想法上都会有很多难处。土耳其海军便这样成为了"英语通"。马哈茂德比较年轻，他的脸圆圆的，肤色很白，眼睛是深蓝色，透露出不谙世事之感。大家常笑话他，而他和别人的聊天基本是围绕着他自己对英国的向往和对耶尔德兹宫的厌恶所展开。穆斯塔法是土耳其驻伦敦的海军军官，年纪稍长，不爱说话，可工作上是尽职尽责。阿卜杜勒·哈米德二世政府害怕海军会叛变，所以就让舰船停在海港附近，随它在这里生锈腐烂。穆斯塔法对于政府的这种做法很是生气。

查维德目前是萨洛尼卡的一名议员，同时也是经济学教授，他之前由于跟学生讲述了一部分不该说的话而被学校开除。在革命落下帷幕之后，他又回到了讲台上。他的身材并不魁梧，但是思维很敏捷，做事也稳重，是位学术大家。哈菲兹是一位工程学专家，以前在欧洲的其他国家留学，专攻无线电报技术。除了这些人外，还有身为医生的舍姆西和律师穆罕默德。在我认识的记者之中，奥斯曼很有主见，而且他看起来就跟 19 岁的少年一样，脸上有时候满是笑容，有时候又是愁云惨淡，就像是承担着世上所有的劫难一样。苏莱曼反应灵敏，他曾经是阿里的骑兵队的一员，很是激进。他天生好学，虽未离开过土耳其，但是很擅长法语，在闲暇之时也会自学英语，他马上就要去一家新报社上班了。而这个报社主要用法语翻译统一与进步委员会的政策，并且对国外发售。还有个人——哈菲兹，他是一家报社的国际新闻编辑，见识很广，善于聊天，对于国际政治事务如数家珍。

我还认识一部分经济独立、立场坚定的人，比如从小亚细亚而来的内吉布，他的胡子已经白了，但他平易近人，和善可亲。他一直都很了解土耳其人所面临的各种挑战，也知道革命的最大挑战还未降临，但他很相信土耳其人的民族性格，也很相信之前的30年里土耳其人在思想上的转变。地主沙巴特这些年来一直都是定居于农村，过着平静的日子，他关注农业机械。如今他在世人眼中，已是一个反应极快、眼光独到，有大局观且有毅力的形象。沙巴特的朋友说但凡是他负责的事情就定然会执行。他、哈菲兹和查维德都是萨洛尼卡的议员，之后我还会再提到他。

还有个人值得一提，他为人谦卑，我必须用真名来介绍他，那就是伊斯梅尔·恩维尔帕夏。他说他可以略有名气纯属巧合。但不管怎么样，他和并肩而战的战友艾哈迈德·尼亚齐贝伊都注定要名垂青史，他们是青年土耳其党的杰出人物。他是骑兵上校，白皮肤，身穿干净的制服，八字胡是黑色的，微微上翘，很是英俊。他烟酒不沾，彬彬有礼，比较保守，整个身上透露出政治家的气质。在革命爆发之前，他一直都很重视保加利亚人的需求，对他们也很是上心。在革命结束之后，他奉命去与保加利亚的领袖谈判。如今大家都知道他在1908年7月跑去山中，经过一番乔装，带领人民起义并且凯旋的故事了。

他的智勇和果决让人赞叹不已，但他从来都不以自我为宣传中心并且不愿意担任更高职位的做法更让人佩服。他马上就要作为土耳其的代表去到柏林，这意味着他不仅是委员会成员，也会继续做一名优秀的军人。

我所提到的这些人都不会向外吹嘘自己的军功战绩，所以就算是到了现在，大家也很难调查到1908年的革命起因。尽管大家称这次革命为和平革命，但是背后依旧有无数人为之努力，甚至奉献自己的生命。青年土耳其党人早就做好了所有准备，他们在这些年里一直是不顾危险在进行革命的，并且和旧政权不断抗争。

统一与进步委员会中年纪比较大的成员也是一股不容小视的力量。艾哈迈德·里扎流亡于巴黎二十五载，靠着教书来维持生计。如今他已是议院的议长了，青年土耳其党的《协商报》也是由他负责。《协商报》在土耳其境内并不是公开流通发售的，所以印发这种报纸，对于艾哈迈德·里扎和他的代理人而言，是具有极大风险的。他也跟下议院议员提到过，他流亡在外之时，曾数次陷入绝望，觉得自己等不到光明的未来了。从议会召开的第一天起，甚至在还没有成为议长时，他就凭借自己魁梧的身材，出色的观察力，整齐干净的胡须和超高的工作效率成为了议会的主导者。从理论上来说，虽然统一与进步委员会不会标榜成员们有着出色的能力，但大家都觉得艾哈迈德·里扎是土耳其党最杰出的领导者。

穆罕默德·塔拉特帕夏出生于阿德里安堡，是一个气色好，留着八字胡须的人，他经常面带笑容，给人一种温暖和煦之感，他会说法语，但并不精通。虽然大家会拿穆罕默德·塔拉特帕夏的壮硕身材开玩笑，但其实每个人都很尊敬他。他将自己的一生都奉献给了革命事业，后来成为了下议院第一位副议长。穆罕默德·塔拉特帕夏如今应该有 50 来岁了，最开始之时他只是一位律师，之后从商，开始接触金融，如今已是一位略有名气的作家了，经常会写一部分以商业为题材的文章。他为人比较幽默，可其实他的心中住着一位哲学家。他在谈论某些可以让世界紧密合作的看法时，偶尔也会变得很严肃，并且毫无预兆。他做事很是大胆，这也证明了他并非土耳其人，而是叛教者，他所信仰的教派是犹太教的分支。这个教会在几百年前便觉得救世主弥赛亚已经降世了，大家应该赶紧围在弥赛亚身边。那时候土耳其苏丹正被一部分问题所困扰，于是他派人把弥赛亚叫了过来，并且问他是否能创造奇迹。弥赛亚回答说可以。苏丹便立马叫了一个刽子手上殿，然后问道："那好，我现在让这个人把你的脑袋砍下来，你能否阻止他？"弥赛亚的回答依旧是能，然后他高举双手，高声说道："这个世上唯有上帝，从来都没有神。而穆罕默德便是上帝的先知。"最终弥赛亚还是保住了自己的项上人头，不过前提是必须要让自己的追随者改变信仰。可是百姓们都不太确信这个教派包括其中的现代社会成员是否真的抛弃了犹太教。不过可以肯定的是，他们信奉的是正统的伊斯兰教。

参加革命的除了统一与进步委员会外，还有一部分年长者。他们在革命中尽管没有发挥至关重要的作用，但依旧是合格的"青年土耳其党人"。他们之中的绝大多数人都很支持 1876 年的宪政运动，时任大维齐尔一职的穆罕默德·卡米勒帕夏便是其中的代表。他现在已是 84 岁的高龄了，但他从来没有隐瞒过自己对于自由的看法。旧政权很需要他，所以阿卜杜勒·哈米德二世政府根本不能开除他，便让他去士麦那做省长了。其实根据穆罕默德·卡米勒帕夏的性格和才华来说，他并非是省长的最佳人选。穆罕默德·卡米勒帕夏为了躲开耶尔德兹宫的间谍，曾两度向英国领事馆求助。在统一与进步委员会希望阿卜杜勒·哈米德二世政府推行宪政之时，阿卜杜勒·哈米德二世为了满足他们的要求，就想让穆罕默德·卡米勒帕夏继续担任大维齐尔一职，辅助穆罕默德·赛义德帕夏。可统一与进步委员会并不答应这么做，并且继续向阿卜杜勒·哈米德二世施压，于是，他只能召开大臣级政务会议，穆罕默德·卡米勒帕夏出席了这次会议。在会议上，他与谢赫－乌拉－伊斯兰一直是主张让阿卜杜勒·哈米德二世答应统一与进步委员会的要求。土耳其人会永远记住穆罕默德·赛义德帕夏在废除首次宪政之中起到的作用。所以穆罕默德·赛义德帕夏刚当上大维齐尔几天后，穆罕默德·卡米勒帕夏便将他取而代之了。之后他一直都是土耳其的大维齐尔，虽然也有人想让他在议会建成之后就退位。穆罕默德·卡米勒帕夏在演讲中提到了政府会实行的各项政策，以此来说服整个议会。不过因为他年事已高，所以还是有人不赞成他的做法。对此，议会郑重表示：穆罕默德·卡米勒帕夏已经年近九十，即便他将所有的心血都放在改革大业上，也没有充足的精力与体力来执行这些计划了，而且他也可能承受不了土耳其在过渡阶段和危机阶段会面临的各种压力。据称，穆罕默德·卡米勒帕夏因为长期工作，身体状况已经很糟糕了。

我们很幸运地在枢密院议长的办公室见到了穆罕默德·卡米勒帕夏，并且在他家中享用了午餐。这个老人如今有些驼背，腰直不起来了，他目光低垂，留着白须，脸上总是有着悲伤和担忧之色。他身上穿的是阿卜杜勒·哈米德二世的臣子们经常穿的长礼服，扣子都扣到了最上面的一颗，跟英国国教牧师一样。

站在民政管理的角度上看，土耳其内务大臣侯赛因·希勒米帕夏是政府的一个重要人物。司法部门和教育部门都归其管辖，而许多文官的任命也由他负责。他是从省长一点一点向上晋升，坐到了现在的位置上。阿卜杜勒·哈米德二世在1903年年初便让侯赛因·希勒米帕夏担任了萨洛卡尼、莫纳斯提尔和斯科普里三大行政区的巡视总长一职。这是奥地利和俄国所创立的新职位，也得到了欧洲各国的支持，其主要任务是执行欧洲各国在维也纳所提出的土耳其改革方案。侯赛因·希勒米帕夏在1908年前一直担任巡视总长的职位。其间，他成了阿卜杜勒·哈米德二世最相信的一位臣子，而后他又被派去平息马其顿起义运动。马其顿的保加利亚人这次揭竿而起也是破釜沉舟之举。所以马其顿政府觉得保加利亚农户是很危险的，打算采取所有手段灭了他们。我在1907年秋季和侯赛因·希勒米帕夏做了深入沟通。他是一个心思复杂的人，你很难猜到他在想些什么，但是根据他的过往，我还是能大致推测出其个性。

侯赛因·希勒米帕夏的眼睛里闪烁着智慧的光芒，他两鬓斑白，谈吐不俗，举止大方。那时候他的身份还很不同，主要是负责让马其顿成为阿卜杜勒·哈米德二世的直辖地。除此之外，他还要应付奥地利与俄国的民事代理人、国际财政委员会，以及英国宪兵队、意大利宪兵队、俄国宪兵队、法兰西宪兵队、奥地利宪兵队，等等。他是想拖延时间，于是写了很多报告，并且利用各国之间的冲突来让他们无法达成一致。侯赛因·希勒米帕夏依靠自己的政治才能出色地完成了这一次的任务。他做事铁血，但绝不会随便侵犯别人的利益。若说他是欧洲列强的手下，那么在政权稳定的局面下，我觉得他应该会是欧洲各国的好帮手。爱德华·格雷爵士和亚历山大·伊兹沃尔斯基一起在1908年年初推出了全新的土耳其改革方案，并且建议让侯赛因·希勒米帕夏担任马其顿总督一职。可如今新的改革方案没能照常实施，侯赛因·希勒米帕夏必须要面临第二次革命，而这场革命比第一次革命更加复杂。侯赛因·希勒米帕夏被青年土耳其党和阿卜杜勒·哈米德二世夹在中间，左右为难。他一直没有下定决心，最后还是决定遵从时代的潮流。他为人谨言慎行，有着出色的观察力，而且能力出众，素有清廉之名，百姓对其很是尊重，土耳其下议院也很看好他。我们自然也相信侯赛因·希勒米帕夏现在会像之前那样继续为土耳其政府做事。

马尼亚斯·扎迪·雷菲克贝伊就职于司法部，是现在土耳其政府各部门官员之中唯一一位统一与进步委员会的正式成员。他是青年土耳其党人的骄傲。在议会召开当日，大家都很欢迎他。

还有许多非公职人员也参加了1908年革命，不过并不是直接参与的。他们基本都是官员，只是有些是自愿退休的，有些是被迫离职的，不过他们的改革决心从来都没有动摇。他们之中有些曾官居要职，有些则是普通官员，但他们都很讨厌官场的腐败，也早就离开了那里。可就算是回到家中，他们也在被人监视。他们之中的一部分人本来可以依靠自己的财产过日，但为了不被间谍怀疑在闲暇之时进行非法活动，他们只能去经商做生意，做做表面功夫。但是许多人真正喜欢的其实是文学，还有哲学，而如今他们坚定地站在新政权这边，是其最忠诚的支持者。

第 9 章

统一与进步委员会

在建立起议会政府之后，统一与进步委员会便慢慢退居二线了，不过他们还是很关心土耳其局势的，也会利用其对议会的影响来确保土耳其改革能够畅通无阻。在革命开始和议会开幕期间，也就是1908 年 7 月 24 日至 1908 年 12 月 17 日这段时间内，它的成员们一直发挥着重要作用。他们创建了议会政府，掌控其各种动向，一部分成员还会去拜访土耳其政府各部门的官员。这些人都很尊敬统一与进步委员会，也会主动向其汇报工作。据称，一部分成员们会在每个星期五一起去大维齐尔穆罕默德·卡米勒帕夏那里喝茶聊天，并对下周工作提出"建议"——若是不称其为指令的话。土耳其政府的资源都被统一与进步委员会控制着，比如一个成员就曾调动海军部的汽艇带我们游玩博斯普鲁斯海峡。我们可以通过一个民间故事来了解到统一与进步委员会在那时候掌控了多大的权力。

在过渡阶段，我们可以利用民间故事来收集各种信息，这是最好的途径了。统一与进步委员会曾经把一艘战舰停在耶尔德兹宫对面。对此，阿卜杜勒·哈米德二世大发雷霆，直接将海军部大臣叫了过来，让他们把战舰赶走。海军部大臣直接回答说这是不可能的。他听了之后抓起一个台灯砸向海军部大臣。可海军大臣还是对他解释了，说这艘战舰是统一与进步委员会派来的。他沉思许久，最终主动地向海军部大臣道了歉。

土耳其境内的事件，无论大小，都有统一与进步委员会的影子，他们对革命初期的各种罢工事件，以及我们上文所说的博斯普鲁斯海峡上的轮船票事件进行了处理。怒气冲天的士麦那百姓为了抵制奥地利的产品，便想把那些头戴奥地利毡帽者的帽子全部抢走。对此，统一与进步委员会专门贴出公告，表示这种摘帽举动侵犯了他人权利，是违背宪法的，必须立马停止。而在之后的相似事件之中，所有公告的落款都是"委员会"。

统一与进步委员会成员都是聪明且小心的。根据1908年下半年的相关资料可以发现，很多成员都在默默付出，不图回报。他们自然了解土耳其人会把智慧和年龄挂钩，对于那些年长者会更加尊重。所以，他们打算在现有的成果上建立起临时政府或者是公共安全委员会，或者直接从委员会内部选出受到大家认可并且精力旺盛的人来担任国家政务总监一职，然后他们就可以退居二线。可是统一与进步委员会并未将此付诸行动，因为他们不想变成百姓们心中的崇拜对象。统一与进步委员会在刚成立之时采用的是共济会的组织结构，主要就是想要方便成员们低调做事。在这几个月内，萨洛尼卡一直都是其大本营，这里有着委员会的中心力量。若是统一与进步委员会把君士坦丁堡当作大本营的话，那么也许就会和别的政府部门产生冲突。所以君士坦丁堡内没有他们的办公室。除此之外，在为《协商报》设立的办事处里，也只有一名统一与进步委员会的成员，他是负责沟通和处理信件的。其余成员在需要商讨政务之时，一般会聚集在《协商报》办事处或是议员俱乐部。不过在特殊情况下，某位成员的家也会成为他们的聚集点，他们会在这里开会，并且从出席者之中推举出一位临时主席。最终他们会以口头传递的方式将这次会议所做的决定告诉其他人。

统一与进步委员会成员们在一部分预防措施的影响下无法去表现自己，但这也让他们不用被非必要的事情所拖累。最关键的是他们也不需要去见那些想要得到特权或是行贿的人。在土耳其的一部分地区也有人对委员会成员进行受贿的指控。成员们肯定是会面对各种诱惑的，而且也不难想象，在数量如此庞大的一个群体之中，绝对会有几个想利用自己特权或是组织特权来谋求私利之人。而且无论真相如何，都有人会举报成员滥用职权。土耳其政府对这类指控是绝不会承认的，而且其中还涉及到了奥斯曼帝国银行的高官。

在和这些成员交流之时，他们身上的政治家气质很是明显。他们也知道自己现在的处境，并且承认在如今的政府机构中也有许多才不配位之人，不过他们也说了，拥有行政管理经验的都是那些曾经在旧政府工作过的人，其他人以前根本接触不到这些东西。他们觉得政府官员应该是为政府挑选的有才干之人，并且他们自己也不会被金钱名利所诱惑。统一与进步委员会也觉得土耳其将来是一定要制定出全新官员体系的。而土耳其政府在统一与进步委员会的要求之下也在着手建立公立学校。

除此之外，统一与进步委员会也清楚，土耳其人现在虽然有了新政权，但是这个新政权并未接受过和自由政府行政原则相关的教育。之前他们在地下进行的宣传工作如今可以公开进行了。统一与进步委员会其实希望自己可以变成一个教育机构，在奥斯曼帝国的各处建立起教室，教导百姓。夜校的雏形已经出现在萨洛尼卡，而且数量不少。每周都会有几百个学生来参加写作和外语课程。与此同时土耳其人最喜欢的还是主题讲座，譬如政治公平与自由讲座、宪政国家史讲座等。学校为了引起大家的兴趣，还会组织大家进行野餐或是观赏话剧，以此来传播知识。就目前的情况来说，虽然和女性教育有关的各项议案还略显幼稚，但整个社会已经开始关注女性教育问题了。

现在的土耳其人对新出现的所有东西都充满了好奇，觉得议会拥有着神力。前段时间出现了奥地利人使用战舰强行把土耳其人抵制的商品带进了土耳其，英国将派战舰阻止奥地利这一行为的谣言。而相信了这个谣言的土耳其人便拉着横幅在英国大使馆面前发表了感谢的演讲。统一与进步委员会对国内所发生的事情都了如指掌，所有成员也都保持着清醒，不会去相信那些不可能的事。他们早就仔细研究过了欧洲列强的立场和实力，他们对巴尔干各国联盟问题的态度便是一个例证。原本是想推动联盟发展的他们很快就发现，巴尔干各国联盟主要是针对奥地利的，所以在和奥地利发生矛盾之时，它们绝对不会谈到联盟。统一与进步委员会的实力绝对不局限于政治才能上，他们能在不发生暴力事件的前提之下打败强大的专制政府，让土耳其安然地度过了宪政制度的过渡阶段。他们之所以可以大获全胜，或许是因为大家做事都不高调，将人民的利益放在自己利益之上。我在前一章中讲过青年土耳其党人的个性对于革命的影响。而后，谦逊便是他们的主要特征了。放眼所有革命，这种谦逊的态度很少出现。统一与进步委员会的人都没有自己的办公室，而且他们也尽量不去宣传自己，也不会留有影像资料，所以在报刊上根本找不到任何成员的个人事迹。土耳其革命的热度开始冷却，可是革命者并没有丝毫自负自满，也不觉得他们更加优秀。统一与进步委员会没有领导者，若是想要仔细地研究近期所发生的事情，最大的难题就是大家都不会把革命的成功归功于自己或他人的个人努力。不可否认的是，我在和他们的交流沟通之中，一直想得到更多消息。我常常会在他们放松之时发问，可他们给的回答基本都是一个意思——不管革命的发起者是谁，都不必去歌颂赞扬。最典型的回答就是："他啊，确实做得很好。""马其顿的工作着实很难，进展也很慢。可是在小亚细亚工作者所面对的风险远大于我们。"

伊斯梅尔·恩维尔帕夏在告诉我他的观点时所表现出的诚恳和简单让我印象深刻。那天，巡游博斯普鲁斯海峡的气艇正要返航，我们并肩站在甲板上。夕阳西下，夜色渐深，余晖落在海面上，大海旁边像塔楼一样的清真寺屹立在一片昏暗的房子之中，就像立在风暴之中的战舰。伊斯梅尔·恩维尔帕夏开口说："我们在研究别的革命时发现大部分的革命都是败在了那些想踩着同伴脑袋上位的人手上。他们觉得革命是要有个领头羊的。我仔细研究过马其顿保加利亚人的内部组织结构，对此我是真心佩服的，而且这也给了我很多启发。不过，我也发现他们这个组织的最大毛病就是领导者太多了。我们经常会自问为什么一定要有领袖呢？为什么大家无法团结一致共同工作？我们的感觉就是如此。大家更在意的是一起合作，这也是我们取得成功的关键。"

统一与进步委员会便是采取了这种完美的合作方式才得到了所向披靡的合力，而且这些人都是因为相同的志向聚在一起，规模极大，其成员最多之时有 3 万人。如今旧政府已经被推翻了，革命的热情慢慢退去，但大家很想把统一与进步委员会的精神传承下去。这无疑是对人性的挑战。可是成员们的合作精神一直都在，并且成为了青年土耳其党最具特色之处。一个人只要拥有合作精神，那么他就能达到目的。青年土耳其党人要想取得成功，其关键就是他们能不能一直保持着这种合作精神。

也许有人会说，这些成员都是奸诈的外交官，他们早就知道做哪些事情会给外国人留下好印象。所以他们是故意隐瞒了一部分事实，避免给我们造成不好的印象。如果真是如此的话，那他们的确是演技超群了。我可不相信一个规模庞大且时而分散、时而聚集的群体，可以编造出这样完整的一个骗局。总而言之，统一与进步委员会想让我们对他们有个好的印象，也会着重强调某些能给自己带来好印象的事实。这种情况确实是存在的，而且也没办法避免。不过他们在明白我们不赞成他们的意见之时，也会坚持说出自己的想法，这样的例子很多。与此同时我在和土耳其人以及外国人沟通交流，听取他们的看法时，也会改正我的一部分错误想法。所以，我觉得这些成员所说的都是事实。

我知道，作为外国观察者，身处东方的自己确实极易被他人误导，我也听到了一部分指责青年土耳其党的言论，也知道将个人事业完全理想化无疑是种冒险，可是在我怀疑青年土耳其党人所表现出的正面形象，并且根据评论家们对统一与进步委员会的评论做判断时，我总会想到，在土耳其革命中有一股不同寻常之力让他们得到了胜利。我觉得就像历史所记录的那样，在革命时期的确会发生特别的情况——在局势比较复杂之时，相互猜疑的人们会在爱国情怀的驱使下拥有一种简单的无条件的自我牺牲精神，并且为实现共同理想而奋斗。这种状况不会持续太久，但很多证据都表明它是真实发生过的。基于此，普通人有可能会变成伟人，也会在社会政治体制的发展过程中，在重大历史事件里留下足迹。而这种道德的力量在时间的前行中会慢慢消失，可就算它被时光所淹没，我们也会记得它。

第 10 章

决绝的改革

历史对于青年土耳其党人来说有点不可避免的束缚，无论他们最终想要做成什么样子。我们必须要承认的是，无论伊斯兰教是否告诉过穆斯林和信奉基督教的人们所谓的政治平等，以前的土耳其政府都没有提到过政治平等。所以既定的事实会影响到土耳其人的正义感。

即便如此，土耳其人还是让基督教的教徒拥有了某些特权。在法律上，他们可以建造自己的教堂，这种特权展示了土耳其政府的开明，而且他们在教育、个人财产与宗教信仰方面都拥有更多自由。土耳其政府刚开始是想要减少基督教教徒与穆斯林的接触，才会授予基督教教徒这种特权的，不过这也增加了社会发展的多样性。回顾以前，土耳其的基督教遭遇了法律的不公，准确地说，他们一直被社会的动荡所拖累。那时候，社会发生动乱之后，政府会有意放纵，而土耳其人也会故意制造混乱。他们除了遭遇了非法迫害外，还被奥斯曼帝国的腐败财政系统无情地剥削。

在各种现实问题面前，青年土耳其党表明了他们是如何看待基督教教徒的。他们取消了军队中为基督教教徒单独设立的制度，让其和穆斯林一起服役。他们也可以去公立大学接受教育。而小学和初中教育是最能影响民众情绪的。青年土耳其党中的一部分有识之士并不支持把土耳其语定为学校在教学时的唯一语言，他们支持保留现在的学校体制，然后再建立一部分设备更佳的公立学校，可以让那些寻求更好教育的基督教教徒的孩子们来这里接受教育。对此，他们给出的理由是需要以公平竞争的形式让基督教教徒成为奥斯曼人。土耳其党人为表诚意还特别下令在所有公开文件中删除"奥斯曼帝国非伊斯兰教子民"这一词语，而这个称呼之前一直是用于基督教教徒的。

青年土耳其党第一个目标就是要建立起良好的公共秩序，确保法律可以照常执行。我觉得这也是他们最大的心愿。自1786年宪法颁布之后，土耳其境内受过教育的人们接触到了西方的公平论，并且对此很是认可。虽然他们在旧政权的施压之下，并没有站出来发声，但是他们一直都在研究西方的自由平等观念，而且加以反思。如今，他们也要采取行动了。

青年土耳其党人对于具有现代意义的民族主义思想并没有完全理解。可平心而论，要想在奥斯曼帝国统治下实现所有民族的完全自治，其任务执行难度确实很大。有些民族是混居的，有一部分民族则是生活在边境一带，周边是同民族的独立国家。以前者的情况来说，根本无法推行民族自治；而按照后者的情况，因为土耳其欧洲区域各省的民族和周边独立国家是同族同宗的，所以奥斯曼帝国如果要推行民族自治的话，也许就会引发兼并战争。最具争议的则是，虽然以长远的目光来看，要想解决民族问题，最好的方法就是推行民族自治，可是这和青年土耳其党的目标南辕北辙。

青年土耳其党人能大获全胜，主要是由于他们对外宣传的就是青年土耳其党比旧政府的腐败官员们更爱自己的国家，更能守护祖国在国际上的地位。所以如今摆在土耳其政治家们面前的路只有两条：其一是不给各民族完全自治权，在确保个人安全，以及法律面前众生平等的前提下，在奥斯曼帝国推行改革；其二是让各民族拥有自治权，但这必须要承担反政府运动兴起和独裁专制复辟的风险。任何一个土耳其改革者都知道第二条路有多危险，而第一条路则是比较可行的。一旦改革成功，哪怕只是部分成功，这也代表着 2000 万土耳其人可以有所发展并且生活得更加幸福些。而若是土耳其欧洲各省都发生动乱的话，最终获利的只有 600 万人，余下的 1400 万人则会再度陷入水深火热的环境中。

土耳其党人在马其顿的惨痛之中知道了民族情感有多大的能量。他们明白在处理这种情感时，不可以强行压制，只能采用怀柔政策，他们也知道自己面对着怎样的困难，但他们还是决定要推行改革。青年土耳其党人没有将土耳其、民族爱国主义同奥斯曼爱国主义混为一谈，而是在培养民族情感的同时培养各民族的共同民族意识与民族自豪感。总而言之，土耳其人在疯狂的宗教气氛之中，就算会做出一部分不好的事情，但就像大家所表扬的那样，他们从来都不会搞民族歧视。

某个夜里，在英国大使馆门前有一支队伍正在进行一种"展示"。他们之中有土耳其人、希腊人，也有亚美尼亚人和犹太人。大家举旗呐喊，做着演讲，举办着各种活动。我们也在这个队伍之中。在我们正要离去时，一个微醺的奥地利人无礼地冲上来问我们的青年土耳其党朋友："这些人是土耳其人吗？"朋友告诉他不是。这个人又问道："那这些人是谁啊？"朋友告诉他我们是奥斯曼人。

我觉得青年土耳其党人想的是土耳其的百姓们被以前的独裁专制所折磨，整个社会都没能发展起来，土耳其也成为了欧洲各国的笑料，帝国似乎正在走向灭亡了。所以眼下土耳其最需要的就是言论与行动自由，政府需要以百姓为先，让各省重建秩序。如今凡是明白事理之人都会和他们站在同一个阵营，这也是他们扭转乾坤的最后希望。他们必须要推行改革，一改到底。若是他们想要立足于这个世界之中，就一定要和欧洲各国建立起友好关系。所以要想实现这个目的，他们只能将欧洲的执政理念用在土耳其的政治制度上。

根据前几章所写的内容，我们可以发现土耳其党并没有趁机报复旧政权。在推行宪法的重要时刻，统一与进步委员会为了不让社会上出现大规模的暴力事件，确实暗中刺杀了一部分人。在重启宪政之后，因为支持旧政权而被处死的人只有费西姆帕夏和伊斯梅尔·马希尔帕夏。

除此之外，青年土耳其党人也希望让所有国家都知道，他们对于想复辟旧政权之人绝不会轻饶。只要有机会，他们就会向阿卜杜勒·哈米德二世摆明他们的态度，从不含糊。在议会开始之后，他们特意在给阿卜杜勒·哈米德二世的贺词之中加了一句话——"建立一个允许百姓们议政的政府是所有人的权利，这是历史的安排，也是伊斯兰教的教义。"

在刚将改革付诸行动之时，青年土耳其党人就知道接下来的路并不好走。他们根据制定好的方案采取行动，并且还打算聘请一批外国精英做顾问，不过他们也害怕这样会让他们失去对行政部门的控制权。与此同时，青年土耳其党人也在想，管控过度的话，是否会让外国顾问不好展开工作。虽然如此，但至今为止都还没有外国顾问向青年土耳其党人抱怨过什么。

眼下改革最重要的任务就是引入农田灌溉系统，以此推动国民经济发展。威廉·威尔科克斯和戈达尔是灌溉工程的主要负责人，他们分别负责美索不达米亚灌溉工程和西里西亚平原灌溉工程。青年土耳其党还聘请了两位英国专家来负责重建土耳其的传统，然后又聘请了一位英国海军上校负责重建土耳其海军的事情。由于土耳其陆军是根据德意志帝国军事管理体制所建立的，因此青年土耳其党人便让德意志顾问来负责重建陆军。外国军官本来打算在马其顿建立一支新宪兵队，可旧政权并不同意。而如今青年土耳其党计划把这种新宪兵系统应用在奥斯曼帝国的所有军队中，同时再引入一批由英国军官、法兰西军官、意大利军官督察监管的宪兵队。除此之外，青年土耳其党还送了许多学生去欧洲各国学习先进的工程学、金融学、行政管理学与法律。

经济改革的重中之重是金融领域。青年土耳其党特地请来了在法兰西共和国审计院任职的查尔斯·弗朗西斯·劳伦，让其协助土耳其政府的各个部门理清财务问题，并且提出改进意见。青年土耳其党觉得新政权要想大获全胜必须要引入外国资本。此外，电话和有轨电车这些公共服务体系则应该交给政府和市政掌管。青年土耳其党还觉得应该建立起新的"政府专营机制"运营公共服务系统，不再限制外国商人在土耳其经商。他们希望可以以政权的变更来取消欧洲列强在土耳其境内所拥有的特权和奥斯曼帝国的所有外国邮局。在旧政权时期，因为政府工作没有效率，还建立了间谍系统，所以，那时候外国邮局被当作是保护奥斯曼帝国统治的必要工具。青年土耳其党人明白，他们必须要让土耳其人知道他们是做好了长期改革的准备的。

青年土耳其党觉得奥斯曼帝国国库空虚，是由于政府官员的腐败，所以要想让国库充盈起来，必须要遏制住这种乱象。于是，他们开始准备反腐工作了，可如此一来，他们必须要提高官员的俸禄。必须要说明的是，青年土耳其党所推行的改革运动首先是一场至关重要的爱国运动，它要解决的是被旧政权搞乱的国防问题。所以，青年土耳其党人当时提出了一个关键性的口号——尽全力加强国防实力。于是，在建设土耳其陆军和海军之时，必须要加大投资。因此，青年土耳其党人对于建立政府专营机制和提高海关关税寄予了厚望。土耳其境内的有钱人不多，所以就算是对他们进行征税，所得的税款也不过是杯水车薪。好在因为有了旧政权的压迫，所以土耳其人早已将纳税当作是他们必须尽的义务了，新政权对全国进行征税之事，大家也不会觉得意外或者是不应该，更不会因此发生动乱。

还有一点必须要交代清楚。青年土耳其党人一直是追求和平的，他们牢记着 1877 年和 1878 年的俄土战争所带来的恶果，也明白战争和改革无法同时进行，眼下若是爆发战争，土耳其便复兴无望。

在面对欧洲列强之时，他们想要和推行宪政的西方诸国往来。在他们心中，英国是最佳选择。在土耳其革命落下帷幕之后，德意志帝国几乎已经不能影响到土耳其了。但是因为土耳其无论是在外交还是在国内的各项建设方面都需要德意志帝国施以援手，所以德意志帝国对土耳其的影响力是会慢慢上升的。已故大维齐尔穆罕默德·费里德帕夏在世之时便说过，他觉得德意志人工作勤奋，作风勤俭，他们对土耳其人的帮助是要大于生性随和的英国人的，虽然后者更受到土耳其人的欢迎。而眼下情况也是如此。在青年土耳其党陷入困境之时是英国帮了他们一把，所以他们永远都会记得英国人。

一位眼光独到的土耳其人对我们说："我们并未把希望寄托在你们身上，无论是过去还是眼下都是如此。我们很高兴你们给我们提供了帮助，即使是消极的。于我们而言，你们没有阻止我们推行宪政，这就是最大的帮助了。"这个人并非是委员会成员，不过他以前从事过外交工作。

我回答道："可我们的政府之前是和你们为敌的，我们的报纸上所写的和土耳其人有关的报道都说你们'反英'。你们为什么还会对我们抱有好感呢？"

他解释道："很多人都说这是土耳其人傻的表现，但我不这么觉得。在我看来，土耳其人能够察觉外国人不完全理解的、土耳其政治上的细微变化。若是我跟你说虽然土耳其和英国都有外交照会，英国海军也有示威活动，但我们从来都没有将英国当作对手，你相信吗？土耳其人知道其他一部分大使馆的所作所为，也知道和平的外交方式并不能帮助土耳其解决那些有失公允的金融交易。所以他们觉得土耳其人会误会英国外交使者。但无论如何，英国外交使者的出发点没有错。我们会告诉自己，英国人不是侵略我们的盗匪。这种观点对我们影响很大，在革命开始之后，我们本来觉得之前和自己交好的国家肯定会大失所望，因为新政权会斩断他们和旧政权的联系，他们不能再从土耳其内得到利益了，这些国家虽然表面上没有反对新政权，但他们私下定然会有所抵制。英国作为宪政的起源地，也是西方英国自由国的领头羊，所以我们愿意和英国建立往来关系。既然英国没有派战舰来侵犯土耳其的领土，那就让我们接受英国思想吧。"

第 11 章

活在恐惧中的帝王

　　在土耳其革命开始之前，若是想近距离观摩阿卜杜勒·哈米德二世做礼拜的过程，必须是得到了外国使臣的特别推荐才行。而且就算得到了推荐的陌生人也还要花儿天的时间去办理一系列复杂的手续，然后阿卜杜勒·哈米德二世才会同意。如果不是官方人员的话，不能进入耶尔德兹宫，只可以留在宫门前搭的狭小帐篷中。所以这些年来，从来没有普通人进入过耶尔德兹宫。因此，这座宫殿在大家心里也充满了神秘感。这里每个礼拜五都会举办一次如加冕礼或是如周年纪念礼那样的大典。在举办典礼期间，阿卜杜勒·哈米德二世的亲兵——耶尔德兹宫的禁卫军将守护整个宫殿，而驻防君士坦丁堡的第一军团也会派兵守卫耶尔德兹宫。

　　在土耳其革命结束后，青年土耳其党取得的一大成就便是让老百姓进入耶尔德兹宫观摩阿卜杜勒·哈米德二世做礼拜。这并不算一个很大的成就，但改革就是这样一点一点累积起来的。如今在帝王做礼拜之时，周边便会有一堆普通百姓围观，禁卫军会将他们和阿卜杜勒·哈米德二世隔开。人群之中最多的便是妇女，她们本就爱凑热闹，只是被旧政权压迫着不能出门。和卓[1]头上的白头巾十分醒目，四处都有卖甜品的人，耶尔德兹宫内有了烟火气，就像加拉塔大桥一样。

在宪政重启之后的第一个星期[2]，在土耳其政府的批准之下，摄影师可以去清真寺广场了。有一位摄影师便拍到了一张阿卜杜勒·哈米德二世的人像照片，大家都觉得这是他最好看的一张照片了。不过，阿卜杜勒·哈米德二世觉得那些来到清真寺的狂热分子是在羞辱他。我说的是清真寺里的人，而非在清真寺外面的人，因为很多人其实是进不去的。可我觉得阿卜杜勒·哈米德二世不会对此有所埋怨，因为拍一张照片总比一枚炸弹要安全些。不过摄影师的行为确实有失分寸了。之后摄影师再进入清真寺，便会受到政府的严格监控了。我在议会开始那天看到有个摄影师被人用刺刀胁迫，他只好赶紧从石柱上滑下来。

委员会成员陪着我们从博斯普鲁斯海峡离开了君士坦丁堡。耶尔德兹宫是建造在山顶之上的，是一座华丽的法式别墅。在我们快要到达那里之时，发现宫外的帐篷已经消失了。委员会成员都身穿一套常见的长礼服，头上戴着普通的土耳其毡帽，直接带我们从一列身穿官

---

[1] 和卓在波斯语中意为"圣裔"，也就是穆罕默德的后人。之后，一部分信奉伊斯兰教的民族会以和卓为头衔或者是人名。在中亚及南亚一部分地区，也会称呼伊斯兰教长者为和卓，表示尊敬。——译者注

[2] 土耳其人觉得宪政的推行就是新纪元的开始。——作者注

服的臣子面前经过，在此过程中他没有出示任何手续。年轻的骑兵军官奥斯曼身穿便装穿梭于庄严的耶尔德兹宫中，一直走在大家的前面，神情很是放松。他上次来这里是要求阿卜杜勒·哈米德二世在重启宪政的文书上签上名字，当时的生死几率各半。就算是有人认为他的行走姿势夸张了些，那也是能够理解的，他脸上的温柔笑容表现了他对眼下局势的态度。他带着我们踏上了通往宫殿的台阶，在经过一条长廊之后，我们来到了一楼拐角处的一间房里。我们可以从他的脸上看到他对阿卜杜勒·哈米德二世还是有尊敬之意的。他告诉我们帝王的马车待会儿就会经过我们房间的窗户外。

爱德温·皮尔斯是我们一行人中的关键人物，他是《每日新闻报》的资深记者，从事这一行业很多年了，而且他还是君士坦丁堡领事俱乐部的主席，写了许多以奥斯曼帝国史为题材的大作。他在君士坦丁堡住了30余年，始终都遵守自身原则，从来没有向旧政权妥协过。之前阿卜杜勒·哈米德二世多次向他抛出橄榄枝，许以锦绣前程，而且也曾邀请过他来这里参观礼拜，但他全都拒绝了。所以他今天是第一次来参观礼拜。

阿卜杜勒·哈米德二世即将从我们的左前方经过。在他从我们正前方走过后就会进入一段下坡路，然后前往我们右后方200码开外的小清真寺，它从外面来看就像个华美的婚礼蛋糕。眼下士兵们迅速集合在一起，而清真寺旁边则是一队骑兵。他们身穿暗灰色的军装，骑着白马，身后立着红色三角旗帜，对比很是明显。他们手上的现代来福枪不会像在战场上那样发挥作用，但看着还是很有气势的。这一支骑兵队很明显就是仪仗队。在靠近耶尔德兹宫之处，有一队阿拉伯轻步兵。他们头戴白巾，上面缠着一条鲜绿色线条，身穿藏蓝色短外衣，宽大的裤腿被棕色绳子绑住了。帝王的阿尔巴尼亚亲兵队皆是身材魁梧之人，但是看起来不太有礼貌。他们身穿白色军服，缝着黑边，以黑色条纹为点缀，脚踝处用网绳把裤脚扎进靴子中，看起来有些像巴尔干农户们的打扮。

穿着卡其色普通服饰的马其顿步兵是最值得我们去关注的。他们是来接替阿卜杜勒·哈米德二世那帮禁卫军的。在别的士兵都饿着肚子之时，禁卫军们却享受着最好的待遇。所以大家多少都会觉得禁卫军对阿卜杜勒·哈米德二世还是忠心耿耿的。过渡阶段是很重要的时期。在1908年夏季，过惯了好日子的禁卫军本来要被派去驻守土耳其的其他地区，在知道这个消息后他们在军中大闹了一场，差点发生兵变。好在对宪法忠心耿耿的军队迅速将叛乱者拿下，并且枪毙了几名暴徒，将禁卫军的气焰打压了下去。阿卜杜勒·哈米德二世的车队马上就要来了，此时每个路口、每段路上都有士兵把守。

阿卜杜勒·哈米德二世车队迅速来到清真寺。最先映入眼帘的是以面纱覆面的妃子们。士兵们已经把王室要经过的道路都围了起来，妃子们坐的大篷车缓缓驶向山下。他们身后跟着的是身穿长礼服的黑人侍者，这些人默默地走着，神色悲凉，看他们的打扮，不知情的人怕是以为他们是去参加葬礼的。在大篷车后面跟着的是一辆小敞篷马车，里面坐着的就是阿卜杜勒·哈米德二世，陪在他两旁的都是皇族中人，还有护卫队。周围的群众时不时都会对阿卜杜勒·哈米德二世发出欢呼声。阿卜杜勒·哈米德二世身后跟着两匹强健的阿拉伯战马，由专门的马夫牵着。马夫们还在战马之上安置好了马鞍，这样如果阿卜杜勒·哈米德二世想要骑马回去的话，就能直接上马。不过，他从来都没有这样做过。身为穆罕默德二世和苏莱曼一世的后人，阿卜杜勒·哈米德二世虽然经常坐维多利亚马车，但他还是想要传承奥斯曼帝国帝王的神武聪慧。我们在阿卜杜勒·哈米德二世做礼拜之时，便在一旁喝着咖啡、抽着烟，然后和几个大人物聊会儿天。让我印象深刻的还是那位长得很像奥林匹亚赫尔墨斯的黑山公。他当时身穿一套民族服饰，身材很是健硕，站在人群中十分显眼。没过多久，阿卜杜勒·哈米德二世便离开清真寺回宫了，我们的注意力回到他身上。返程之时，所有车辆向着山头驶去，那些官员跟在阿卜杜勒·哈米德二世的马车之后，做出推车的姿势。两匹红棕色的英国马可能是想和这些官员们做个游戏，一直是小跑着前行的，于是所有官员为了跟上马车也只能跑起来，每个人都累得上气不接下气。我们在这些可怜的官员身上看到了繁琐的宫廷礼节，这些东西就像是锁链，一直束缚着他们，所以这些卑躬屈膝的官员，还是应该得到最基本的尊敬。

我们在的这个房间内设了一道玻璃门，而门外就是一个小阳台，周边安置了栏杆，阳台离地约三米之处有一扇窗户。阿卜杜勒·哈米德二世有时就会站在这里向人们挥手。在阿卜杜勒·哈米德二世刚离开清真寺之时，便有人推开了这扇窗户。此时，阿卜杜勒·哈米德二世离我们并不远。然而就算耶尔德兹宫再庄严，也无法赋予阿卜杜勒·哈米德二世他所没有的人格魅力。

　　阿卜杜勒·哈米德二世看起来是一个比较胆小的人，他个头不高，应该没有五英尺。他身穿黑色军装，戴着一顶红色毡帽，双手握着宝剑，站在了平台上面。在他出来之后，人群中开始欢呼起来。阿卜杜勒·哈米德二世让一位身穿长礼服，举止得体的典礼官过来，并且悄悄在他耳旁说了什么。跟阿卜杜勒·哈米德二世相比，这位典礼官更有君主之相。之后这位典礼官来跟我们说阿卜杜勒·哈米德二世想要见见巴尔干委员会的人。

　　我们都大吃一惊，之前大家一直都站在专政的对立面。阿卜杜勒·哈米德二世所犯之罪，罄竹难书，他完全是现在的古罗马皇帝康茂德、罗马涅地区的暴君波吉亚。不过转换一下思路，大家便没有那么讨厌他了。他是青年土耳其党掌权之后唯一可以成为君主立宪政府首脑的人。我们对于土耳其的宪政是抱着尊重的态度的，所以也该在公开场合认可它。因此为了避免发生不必要的误会，我们和4名委员会成员一起去见了阿卜杜勒·哈米德二世。

　　在典礼官的带领下，大家走过了一条长廊。我们或许是史上来到耶尔德兹宫的人中最特别的几个了。在我们这群人中，既有英国来的旅人、政治家，也有三位女性。我们在官员的带领下来到了耶尔德兹宫深处，进入了一个又小又窄的前厅，大家只能靠墙而站。典礼官退下之后又出现在我们左边的门口，他在那儿等阿卜杜勒·哈米德二世。

若不是亲眼看见他在鞠躬弯膝[1]，大家也许会觉得他就是阿卜杜勒·哈米德二世，而站在他旁边的那个身穿军装、低着脑袋的老人只是一个普通士兵而已。典礼官为阿卜杜勒·哈米德二世介绍了巴尔干委员会主席，并且用法语翻译了阿卜杜勒·哈米德二世说的土耳其语。

主席也趁机向阿卜杜勒·哈米德二世表示了敬意，告诉他能被邀请来宫里是我们的荣幸，并且还向统一与进步委员会致以感谢。巴尔干委员会主席说话时的语气不是很友好，不过阿卜杜勒·哈米德二世也未因此而不高兴。他很聪明，知道很多事是躲不了的，只能主动应下。他说很欢迎我们来土耳其，也希望在统一与进步委员会的努力下，土耳其可以和英国友谊长存。他还与大家都握了手，也对我们的以萨洛尼卡代表身份来伊斯坦布尔的土耳其朋友表示了祝贺和敬意。之后他便原路回到他的寝殿了。

这位传说中嗜血残暴的君主阿卜杜勒·哈米德二世就这样出现在了我们的面前。他现在已经有 64 岁了，眼睑下垂，人们根本不能直视他的双眼。而他的肩膀高耸，脑袋有些前倾，据说就是常年身穿铠甲造成的。在和他面对面相处时，他给人的感觉更像是一位操心了许久的老人，而非一个残暴无能的君王。他长得也很有特色：鹰钩大鼻，花白胡须染了棕色，前额很尖，甚至有些变形，头上戴了一顶毡帽，这一切好像都在预示着他会是一个与众不同的人。阿卜杜勒·哈米德

---

[1] 这是土耳其的一种礼节，意思是取地上之土，放于头顶。——作者注

二世没有上过学，这辈子也都活在自己的恐惧之中，将所有的精力放在了各种权谋之术上。在电报和铁路技术发展起来的情况下，他靠着对权术的完美运用，终于建立起了自己那套坚不可摧，近乎完美的专制体系，直到遇上了土耳其革命。

如今，他的专制统治已经完全崩溃，并且很难重建起来了。那么之后土耳其应该怎样安排阿卜杜勒·哈米德二世和他每周都要做的礼拜呢？统一与进步委员会肯定商量过，应该怎么处置阿卜杜勒·哈米德二世，可最后得出的结果都是有利于他的。委员会成员觉得不管怎么做都不该去引起百姓的反感。而以目前的情况来说，只要土耳其政府不归阿卜杜勒·哈米德二世掌管，土耳其人还是很尊重他的。所以最终的结果有极大可能是阿卜杜勒·哈米德二世继续做帝国名义上的君主。这对于他来说也是很安全的。据称，在革命结束之后，革命者在耶尔德兹宫里面发现了一套装备，是专门用于逃跑的。而这套装备最后还是一直由黄袍管理官所保管，从来没使用过。

已经做了30年君主的阿卜杜勒·哈米德二世是否可以改正自己的不足呢？土耳其的很多人都觉得他的残暴是与生俱来的，民间也有他相关的各种恐怖传言。对此我觉得比较合理的推测应该是阿卜杜勒·哈米德二世终年活在恐惧之中，最后成为了一个残暴荒淫的君主。如今他已经没有了实权，自然不敢违背民意，去做那些无稽之事。所以无论他从前是个什么样的人，如今他都无法再那样放纵了。有传言称阿卜杜勒·哈米德二世一直在寻求东山再起的机会，可这些不过是个人臆测，没有任何实证。统一与进步委员会既然敢让阿卜杜勒·哈米德二世继续坐在这个位置上，就必然会对他严加监控的。

在得到了土耳其人的认可之后，阿卜杜勒·哈米德二世现在也身居要职。有些外国人觉得在这种情况下，就不要再去谈及阿卜杜勒·哈米德二世的身世或个性了，也不可以讨论那些会有损他名声之事。可土耳其人并不赞成这个观点。其实土耳其人并没有在公众场合谈到过我所说的这些事情。可需要说明的是，大多数接受过教育的土耳其人都觉得，虽然阿卜杜勒·哈米德二世自称为哈里发，但他并没有满足哈里发的两个条件——在选举中脱颖而出并且是先知穆罕默德的后人。在和他人进行交流或是在剧院欣赏演出的时候，我发现大家在谈到阿卜杜勒·哈米德二世的时候，其态度都是满不在乎的。我有时候也会想，东方人所想的民主和共和就是西方人认为的那样吗？

不过土耳其人并非是以责怪的形式来表现他们对阿卜杜勒·哈米德二世不在意。在革命结束之后，随着议会的召开，人们对因新的角色身份而取得成功的阿卜杜勒·哈米德二世印象很深。毕竟之前大家都很难想象国王会驾着马车从街道上走过，然后出席会议。不过当他真的这么做了，土耳其人也是很欢迎的。之后他在和议会主席与副主席交流之时表示他觉得议会大楼的布局不合理，并且还提议修建一所新的议会大楼，然后在其中安装一部电梯，方便那些年长的议员和代表出行，让其不用再每天爬楼下梯。他曾经还宴请了所有的议会代表，而在宴会之上，他谈笑风生，整个气氛都很和谐，这让议员们对他有了更深的印象。议员代表们在阿卜杜勒·哈米德二世的讲话结束之后还亲吻了他的手，以示感动。随后，社会舆论对这个举动进行了严肃的批评。阿卜杜勒·哈米德二世看起来很是聪明，可以在新旧政权之间左右逢源。他或许是受到新政权的影响，在感动、惊讶、开心之余，也感受到了久违的安心，或许是他构想了很多和革命有关的奇怪想象。

但不管怎么样，耶尔德兹宫都将迎来变革。阿卜杜勒·哈米德二世对于发电机很是抗拒，觉得它是一个隐形的炸弹。当然，土耳其人会体谅他对发电机的恐惧之情，但在夜晚降临之时，土耳其人还是会启动发电机的，因为它比蓄电池方便许多。耶尔德兹宫马棚中的马匹都被卖掉了，如今的仆人也只有以前的1/10。在"忠诚"考验中脱颖而出的部队将会接替阿卜杜勒·哈米德二世的禁卫军，但其人数还是少于禁卫军的。之前这里有400名厨师，专门为宫廷贵族准备饮食，现在基本都被遣散了。后宫中的嫔妃少了许多。宫内每年的花销也在缩减。

青年土耳其党人在说到阿卜杜勒·哈米德二世每周的礼拜时，神色之中都有一丝不屑。在他们看来，礼拜不但不民主，而且还将全部的尊荣都归于皇室了，这是对军队的侮辱。如今，在"向右看齐"和"向左看齐"之外，青年土耳其党觉得部队不能再如同摆设一样了，他们应该发挥自己的作用，收获大家的爱戴。当然，青年土耳其党人看不起礼拜仪式还有个重要原因，那就是举办一次活动会花费大量资金。现在部队是急需改革的，那些使用了很多年的礼仪也该被废止了。如正步走、向后走、各种既定的口号，以及一直在变来变去的军装和勋章。这种军队礼仪无法让部队造福于土耳其人，它的最大作用就是，士兵需要经常训练，将军们也会经常出席，那些从未见过这些场景的游客可以欣喜不已地交谈，阿卜杜勒·哈米德二世也会因此得到赞扬。

第 12 章

独揽大权的谢赫－乌拉－伊斯兰

对于这一章的主角，我绝对不会只介绍一下他的长相和职位。我通过一位友人见到了卡农·麦科尔。他是一个老绅士，谈吐得体，举止大方，很有礼貌，不过在我写书之时他已驾鹤西去了。他觉得谢赫－乌拉－伊斯兰是多面性的，他也是皇权背后的真正掌控者。无论阿卜杜勒·哈米德二世有多残暴，他都会在私下让教徒们遵从伊斯兰法令，将基督教教徒当作"牲口"，使得阿卜杜勒·哈米德二世有所顾忌。毫无疑问的是，卡农·麦科尔倾尽一生都在抗衡专制统治，可是他对谢赫－乌拉－伊斯兰的看法是不是与真相相符，便需要再思考一下了。我也采访到了谢赫－乌拉－伊斯兰。在和他进行面对面交流之时，他所展现的坦率和魅力，让人会不由自主地去相信他所说的话。不过，在访问之中，出于礼节，我们不会去询问过深，所以有些事情便只能交给时间去验证，去给出答案了。

有5个朋友和我一起前去采访，这之中有一位亚美尼亚绅士，他和谢赫－乌拉－伊斯兰已是相交多年。我们乘着马车到达了苏莱曼清真寺旁边的一座建筑前。根据外表就可以判断，这是政府机构的办事处。无论他是否兼任了其他职务，他都是土耳其宗教部大臣，是土耳其政府的成员之一。谢赫－乌拉－伊斯兰和别的官员不一样的是在革命落下帷幕之后，他依旧是官任原职。在议会开始的那天，他与同僚们共同进入议会厅，不过他身穿一袭白袍，戴着一方黄色头巾十分艳丽，和那些身穿黄色镶边，以绿色系带点缀的官员明显不同。

我们由侍者们领着来到了客厅，那里很是闷热。没等多久，我们见到了谢赫－乌拉－伊斯兰。他站在一个宽敞的屋子里，这里的家具只有个火炉、几张凳子，靠墙而放，不过在这里能看到漂亮的金角湾。谢赫－乌拉－伊斯兰已是花甲之年，但身子骨很是硬朗，仪态极佳，留着灰白色的胡子，肤色为棕色，很健康。他头戴白色方巾，披着灰色披风，上面还有棕色的皮毛条纹，笑容和蔼。从采访开始，他便给我们一种平易近人的感觉，直到采访结束也是如此。他领着大家走到墙角，坐到凳子上，而他则是搭着二郎腿，拖鞋是橘黄色的，掉到了地上。在他坐下后，我看到他披风之下是一件居家的袍子，裤子则是紧身裤，它们和披风都是一个料子。

谢赫－乌拉－伊斯兰平时都说土耳其语，不过他会看法语书籍，也利用法语了解到了很多英国文学作品。亚美尼亚的朋友充当了临时翻译，让这次的访问变得比较流畅。谢赫－乌拉－伊斯兰擅长使用身体语言，很有表现力，这也就减轻了翻译的难度。谢赫－乌拉－伊斯兰在谈话时的动作很少，不难发现他是在尽力克制，不让身子前倾，控制想要飞舞的眉毛。他的眼神很是专注，让大家明白了很多他想表达的东西。他有时也会露出一个幽默的笑容来调动现场气氛，而他眼中的光芒也会被这个笑容所掩盖。

在相互问好之后，侍者便给大家送来了咖啡和香烟，谢赫－乌拉－伊斯兰在这时候开口说道："现在的宪法并不是1876年的宪法，而且后者是一部假宪法。因为那时候制定宪法的人并未想过会长期以此为法律准绳，而如今的宪法将会长久使用，土耳其人已经准备好了。"

"可伊斯兰教令会同意建立起一个真真正正的宪政政府吗？"

"同意？这和不同意没有关系，相较于宪法，伊斯兰教令更加开明。"

"那伊斯兰教会站在宪政政府这边吗？"

"自然是会的。若是仔细研究伊斯兰教令，不难看出其教令的原则与民选政府原则是一样的。大家都会推选最有智慧之人来辅佐君王，若是君王未经百姓认可就统领全国的话，就意味着他越权了。宪法包括在伊斯兰教令中，不管是宪法还是伊斯兰教令都会约束所有皈依伊斯兰教之人，特别是伊玛目[1]。他们一定会主动帮助宪法推行的。"

在为这段话进行注释之时，我突然记起来在土耳其革命落下帷幕后的几周内，谢赫－乌拉－伊斯兰曾经让几位开明的毛拉去大清真寺讲解经文。在某次讲经会中，两个年纪较大的赫瓦贾[2]起身说那样的教

---

[1]　清真寺中的掌教，负责主持礼拜。——译者注

[2]　波斯语中的"大师"或"大人"，相当于基督教世界中的牧师。——作者注

义是不对的，而且还和其他人大打出手，其中还有人拔刀。之后这两个人被宗教法庭传唤了，法庭最终以寻衅滋事罪对两人进行了判刑。那个时候，谢赫－乌拉－伊斯兰的态度颇为激进，穆斯林们根本不能真心接受这些。在奥斯曼帝国的边陲地区也有这种状况发生。据称，在位于底格里斯地区的摩苏尔，有一位年纪较大的毛拉听到基督教教徒和穆斯林平起平坐之时，大喊说伊斯兰教就要完了。话说至此，我们的话题变成了"平等"。这也是土耳其人一直在争论的问题之一。谢赫－乌拉－伊斯兰对于平等的态度是非常坚决明确的。

谢赫－乌拉－伊斯兰说："伊斯兰教的宗旨便是众生平等，可这个平等说的是在政治和法律面前的平等，而不是代表着穆斯林与基督教教徒处处一样。这是不可否认的。"

"可根据历史能够发现，信奉基督教的人们其实是很难得到政治平等的。"

谢赫－乌拉－伊斯兰露出了一个笑容，略带嘲讽，他说道："这个说法也有些道理。任何教徒对于本教都会有些盲从。好的政府就应该推行一部分政策来避免这种情况的发生，而心怀不轨的政府便会对此加以利用。诚然，你能求证于历史，我们也能。我知道有些基督教国家会屠杀穆斯林。若是我的记忆没出错的话，之前我应该还看到过一个资料说在西班牙内设立了宗教裁判所。"他说完这番话后，脸上依旧有着浅浅的笑容，然后听着朋友给他翻译。在翻译完之后，他的脸色又转阴了，他说："我很了解这些。任何宗教都会有疯狂的追随者，基督教的这种盲从并不是其宗旨所导致的，我明白这和他们的宗旨是

南辕北辙的，伊斯兰教也是这样。一部分宗教不正是因为盲从而酿成
了许多惨剧吗？"

　　我们一群人中有伊斯兰教的信徒，所以他赶紧把话头一转，开始
讨论另一个难以理解的敏感问题上，那就是谢赫－乌拉－伊斯兰在伊
斯兰教中的地位。我们也都想了解一下谢赫－乌拉－伊斯兰怎么看待
伊斯兰教什叶派，以及鲁法伊教团与梅夫拉维教团——伊斯兰正统教
派的两个分支。什叶派淡化了逊尼派所奉行的一神论，将一部分人神
结合的观点融入了对阿里·伊本·艾比·塔里卜[1]的敬畏，还有对侯赛
因·伊本·阿里[2]的祭奠之中。而鲁法伊教团与梅夫拉维教团的教徒们
因为高声呐喊和纵情舞蹈而闻名于世，以前来君士坦丁堡旅游的人都
叫他们是"叫喊着"和"跳着舞"的伊斯兰教托钵僧。而且我还想了
解谢赫－乌拉－伊斯兰对土耳其伊斯兰教苏菲派的帕克塔什教团是什
么看法。因为这个教团很看重精神，对别的教派都是一种怜悯的态度。

　　谢赫－乌拉－伊斯兰听完我们的问题之后，平静地说道："他们
都是信奉伊斯兰教的，不可否认的是，他们都有自己的想法，但并非
是不能进行沟通的。伊斯兰教的信徒能发展到更远之处。从某些层面

---

[1]　阿里·伊本·艾比·塔里卜（Ali ibn Abi Talib, 601—661年）：他是伊斯兰教的
第四位哈里发。——作者注

[2]　侯赛因·伊本·阿里（Husayn ibn Ali, 626—680年）：其父为阿里·伊本·艾比·塔
里卜，他是家中的第二个孩子。——作者注

来说，一个人一旦相信世界上只有一个真主，并且不试图去分割教义，那他就是穆斯林。"

我们的一个朋友又问："那我们算是诚心诚意的穆斯林吗？"谢赫－乌拉－伊斯兰沉默不语，他对此是不肯定也不否定的。不过就算他表情很是严肃，不过脸上依旧有着浅浅的笑容。

我们在离开之前都想弄清一个问题，那就是：如果什叶派与伊斯兰教是一个整体，那么他们会将谢赫－乌拉－伊斯兰看作是领导者吗？这个问题确实有些尴尬，不过并不能难倒谢赫－乌拉－伊斯兰。他是一位杰出的外交家。

谢赫－乌拉－伊斯兰在经过一番思考之后，开口说道："我觉得不是这样的，首先你必须知道伊斯兰教很民主，严格来说，并没有人可以被叫做牧师，不管是伊玛目还是赫瓦贾都没有此类权力。我并不比谁高贵，只是比一部分家庭穷苦的信仰者们了解的东西更多些罢了，可在职权上，我毫无特权。所以我不是任何派别的领导者"。

对于谢赫－乌拉－伊斯兰的睿智，我是深感敬佩的。在我们起身之后，谢赫－乌拉－伊斯兰热情地同我们握了手，并且说他一直都很喜欢英国，也对英国有所期待。他期待着土耳其和英国可以建立起友好关系，两国再也不会像之前那样站在对立面了。他还相信土耳其的未来是一片光明的，而土耳其和英国在很早之前便已经有了来往，但愿彼此能够理解对方。他还拜托我们将他的看法转述给英国百姓，让他们了解到伊斯兰教的真正样貌。然后他便和我们道别了。

谢赫－乌拉－伊斯兰到底是个怎样的人？他的弦外之音是什么？

他在和我们聊天之时就像一个温和的长辈，很是平易近人，语气也十分真诚，说话更是天衣无缝。在旧政权时期，他在讨论伊斯兰教时也会说这样的话吗？他在家国不安之时，会支持和平吗？他是否有权利去阻拦旧政权作恶，若是有的话，他是否动用过这样的权力？他真的像卡农·麦科尔说的那样是具有多面性的吗？在他风度翩翩的外表之下掩藏着的是他的残暴吗？

我们能够确定的是，谢赫－乌拉－伊斯兰在某一件事上确实发挥了决定性的作用，那便是土耳其革命以和平的方式告终。在阿卜杜勒·哈米德二世收到统一与进步委员会发给他的最后通牒时，他专门召开了大臣级政务会议，当时的情况对于专制政权来说是很不利的。身为伊斯兰圣法官方解释人的谢赫－乌拉－伊斯兰若是直接说外面的起义军是违背了伊斯兰圣法的话，那么专制政府或许有机会可以扭转乾坤。若是再给起义军安上了不忠不义的罪名，阿卜杜勒·哈米德二世便可以不费吹灰之力地集结起反抗势力，这也会激发伊斯坦布尔暴民的斗志，与此同时请求汉志[1]和也门的阿拉伯人前来支援。纵使当时统一与进步委员会确实拥有着非凡的实力，可阿卜杜勒·哈米德二世完全有能力带兵攻打马其顿平原，并且把阿尔巴尼亚人全部驱逐出境的。革命或许不会因为谢赫－乌拉－伊斯兰所做的不当决定而失败，但它也许会变得更加暴力，甚至发生血腥冲突。在这种重要时

---

[1]　汉志是阿拉伯半岛人文地理名称，位于沙特阿拉伯王国西部沿海地带。因其辖区有伊斯兰发祥地麦加和麦地那而闻名于世。——译者注

刻，谢赫－乌拉－伊斯兰没有妥协，他毫不犹豫地站了出来宣布自由运动并没有违背伊斯兰教的圣法。阿卜杜勒·哈米德二世这时候也只好退让了。

谢赫－乌拉－伊斯兰的朋友们都说他是站在改革这边的。而谢赫－乌拉－伊斯兰的所作所为也证实了他朋友们的说法。这些朋友私下也说谢赫－乌拉－伊斯兰在讨论政治和教会之时是很开明的，不过在公开场合，他从来不会表达自己的观点，也没有对阿卜杜勒·哈米德二世政府的残暴提出过抗议。从另一个角度来说，他也是旧政府的一分子。所以最关键的问题是谢赫－乌拉－伊斯兰是否有反对旧政府的权力？

就像我之前所说的谢赫－乌拉－伊斯兰是任职于宗教部的。在基督教建立起自治教堂后，他所掌管的土耳其基督教事务工作便已经没有什么意义了。不过在表面上，他依旧是基督教和伊斯兰教的各类宗教活动的掌控者，而且他还是伊斯兰圣法的官方解释人。严格说来，土耳其所有法律都是在伊斯兰圣法的基础上编写的。所以，从某些角度来说，谢赫－乌拉－伊斯兰算是土耳其的大法官了。在必要之时，他也会对法律进行解释。谢赫－乌拉－伊斯兰在恢复宪政中起了决定性作用，他一直都是一个终审裁决者的身份。从理论上来说，他所拥有的权力是很大的。若是有证据可以直接确定阿卜杜勒·哈米德二世是昏庸无能，整日纵情声色，不务正业之君的话，那么谢赫－乌拉－伊斯兰是有权废掉他的。可无法忽略的一点是，谢赫－乌拉－伊斯兰的职位也是阿卜杜勒·哈米德二世给他的。所以我们不得不承认谢赫－

乌拉－伊斯兰和阿卜杜勒·哈米德二世是不能平起平坐的。当然欧洲的律师们是不能相信谢赫－乌拉－伊斯兰的地位比君王低的。

谢赫－乌拉－伊斯兰的职权只限于控制基督教和伊斯兰教吗？他这个"教皇"是不是永远都不会犯错？他是伊斯兰教的领导者吗？如果是的话，他手握着怎样的权力呢？他可不可以越权改变政府的决策呢？他是否可以让穆斯林们团结一致呢？对于这些问题我都不能回答，因为这些答案是由谢赫－乌拉－伊斯兰的性格所决定的。

仔细观察土耳其人是怎样讨论谢赫－乌拉－伊斯兰就不难发现，他们觉得谢赫－乌拉－伊斯兰对于宗教并无强烈的敬畏之情。若是说他确实有一部分宗教领导人的特点的话，那在政府的工作上，他的职责淡化了这些特点。所以，他也许是真的想否认自己的宗教权威。在经过这次采访后，我认为谢赫－乌拉－伊斯兰其实应该是一位律师。我们也能说他就是一个大法官，将自己的全部心血都花在了宗教法律的解释上。他永远在等别人上诉，不觉得自己应该积极表达观点或者去反对对方的观点，他似乎是游离在这个残酷社会之外的人。除此之外，他还是一位学者，想要将宗教法律理想化，也愿意和友人们讨论伊斯兰教的自由观念。他觉得那些大屠杀事件和残忍打压的行为都是疯狂的信徒们所作出的不理智行为，已经脱离宗教了。在那些没有受过教育的人群中，自然会发生一部分动乱。圣法会因为血腥事件而黯淡，但永远不会失去自己的光芒。谢赫－乌拉－伊斯兰如今必须要去面对突然发生的改革，并且做出重大决定。一直被埋在心底的理想让他无法再催眠自己了。在面对激烈的讨论时，他以一种平静的姿态维护了宪法。这也是我们了解谢赫 - 乌拉 - 伊斯兰态度的一个切入点。

谢赫 - 乌拉 - 伊斯兰站在了宪法这边。可按照当时的情况来说，不管他做的决定有多么重要，他所发表的附加意见也不能决定这次革命的最终走向是成功还是失败。我们若是想了解土耳其革命的走向，就只能从别的方面研究。

君士坦丁堡清真寺的赫瓦贾所提出的抗议，和年迈的毛拉所说的伊斯兰教就要完了并不是毫无关联的两件事，我们从中都可以发现土耳其人的忧心忡忡，这是一种普遍现象。若是这种情绪现在还没有爆发的话，那么也许是由于眼下的趋势还是以改革为主。一旦土耳其人发觉无法实现新时期所诞生的无根无据的梦想的话，那么他们一定会大失所望。而这些梦想有一部分也许是来自于政府的承诺。真到了那一步，土耳其人也许就会想，为何幸福生活还未降临呢？而后年长者便会捋着胡须说："我之前是跟你说什么来着？你们说的那些友爱啊、自由啊，不过是自己骗自己罢了，这些是西方那些异教徒编造的谎言。伊斯兰教永远都不能缺少刀剑，如果没有武力作为依靠的话，你们就只能顾影自怜了。"

如果有正确的思想做指引的话，土耳其人可能会赞同某些不怎么激进的观点。他们性格比较温顺，对于宗教信仰还未看得太重，而阿拉伯人就不一样了，先知在跨过茫茫沙漠之后又去了何处？沙漠中的飞沙走石所划分的明确界限又去哪儿了呢？阿拉伯人一直所守护的信仰又是什么？是不屈服于命运吗？其实奥斯曼帝国也一直是被他们所影响着的。奥斯曼帝国的三大省份都被阿拉伯人所主宰，而土耳其别的地区也有阿拉伯人居住。就连在议会之中，阿拉伯人的席位都大于40个，我还想到了一名阿拉伯议员，他一头乌发，黑色胡须，棕色皮肤，头戴黑色饰品，肩膀上有一条绿紫相间的头巾。最让人震惊的是，阿拉伯人也许会激烈地反对土耳其革命。

土耳其革命遇到了很多难题，不过我也在其中看到了新宗教精神的影子，这也是件让人高兴的事情。这次革命以宪政政府为重，坚持政治平等，这和《古兰经》教义是相吻合的，因此其信徒也很支持这次的革命。革命运动眼下的注意力都集中在伊斯兰教和政治之间的关系上，其余问题都暂时不会考虑。人们可以把自己对于哲学的思考投给一家杂志，这个杂志是由几位毛拉所创办的。而土耳其媒体基本不会探讨普遍意义上和自由相关的问题。在处理一部分风俗伦理方面的问题时，就算是最开明的人也不赞成在现在的环境中来讨论这些。比如禁酒这件事，每个人都有自己的想法，包括那些接受过教育的人们也无法达成一致。无论是在宗教方面还是在世俗方面，大家都不会谈及女性的地位问题，不过随着社会风俗的变化，女性所受到的不公平和歧视也在慢慢改善。

眼下，土耳其应该重点关注政治问题。所以与信仰相关的革命运动，最好集中于政治问题上。青年土耳其党的领袖们都参加到了这次的革命运动之中，大家也都牺牲了许多。他们对土耳其现有的宗教信仰保持尊重之心，也会遵守宗教的各种仪式。他们也公开谈过，一种超越伊斯兰教的普遍行善的教义可以造福百姓。这些领袖之中也有共济会成员。他们觉得自己在共济会的宗旨里发现了土耳其的光明未来。青年土耳其党领袖在宗教信仰方面所展示出的不同，也许是伊斯兰教奉行"知行合一"而导致的吧。一部分伊斯兰教的现代倡导者十分认同谢赫－乌拉－伊斯兰的想法，将伊斯兰教视为纯粹的有神论，并不认为它有任何宗教特质。但毫无疑问的是，土耳其民众并不会如此轻看伊斯兰教，但是受过教育的土耳其人将认同现代倡导者的想法。青年土耳其党认为，在未来教育将会传播得越来越广，它将成为新土耳其的基础。

有些土耳其人是很反对宗教的，其中以记者和学生群体为主，不过在普遍情况下我觉得受过教育的穆斯林对于伊斯兰教的看法应该是和谢赫－乌拉－伊斯兰的看法差不多：

"伊斯兰教并不复杂，就像基督教因为没有同意繁琐的摩西律法而脱离了犹太教那般，伊斯兰教也因拒绝了诞生于7世纪的教堂中的复杂理论，脱离了基督教而独立存在。所以基督教的信徒们基本不会改信犹太教，穆斯林也不会信奉基督教。选择伊斯兰教的都是有思想之人。"

不过，土耳其革命面对的难题还是怎样在百姓之间传播革命思想。对此，我们也没有收集到太多依据。旧政权觉得，神学院中的那些来自社会各个阶层的学生们，是1876年宪法的忠实拥趸，同时，他们也是危险分子。如今神学院的学生们也受到了自由主义思想的影响。

在过去的 30 年间，土耳其的教育有所普及。各小学中的教师对于宗教大多是持开明的态度。罗伯特学院是美国新教徒所建立的，巴尔干半岛的基督教教徒们也都受到了这个学院的影响。在土耳其革命告一段落后，罗伯特学院收到大量的土耳其学生申请书。土耳其学生可以在罗伯特学院中跟基督教学生讨论伊斯兰教的礼拜活动。虽然土耳其现在还处于变动时期，不过它的将来一定光芒万丈。

第 13 章

选举的失衡

在丰富选举形式这一方面，英国确实要多向土耳其人学习。在英国，投票箱并没有什么特别之处，也不会引起大家的关注。可对于土耳其人而言，投票箱便是民主的诺亚方舟。土耳其人会在投票箱上盖上一面国旗，然后以汽车运输，还会让一个白衣女孩守在一旁。他们会郑重地将投票箱安置在市政大楼中。这一次拜访，我们借着自己特殊的身份很幸运地近距离观察到了这个投票箱。让我们觉得很神奇的一个现象是，土耳其人会在一部分重要场合里将投票箱放在骆驼的驼峰上。土耳其人的选举活动实在是多姿多彩，跟他们一比，英国的选举就太索然无味了。

根据土耳其宪法的规定，选举每隔 4 年举办一次，国内 25 周岁以上且为直接纳税人的公民才有选举资格。土耳其的选举方式是间接选举，从 500 个选民之中选出一个"二级选民"。所以会将选民分成几个组，每组设立一个选举站，然后各自选举一位二级选民。在选举完成之后，选区内的所有二级选民会聚在一处，从中选出这一选区的选民代表。代表的人数和男性公民人数之比为1：50000。而且选民代表必须要会书写土耳其文且年满30岁。

以君士坦丁堡为例，其男性公民数量为50万，所以君士坦丁堡的选民可以拥有10个代表。初级选举阶段是整个选举过程中最让人兴奋的一个阶段，在1908年，有25万左右的选民参加了初选，从中选出的二级选民约500个。选民们会摇旗打鼓，一起去选举站。选举站一般是设置在清真寺里的。工作人员会在寺内的露天院子里放好长桌。与此同时，选民们还会专门组建一支小分队来护送投票箱去市政大楼，投票箱上系着灰色绸带，以花环做点缀。有些候选者还会有很多人陪着一起去选举站。大家走在街上每隔一会儿就会鼓掌喝彩。不过有时候选民们也会安静地走路，这时候气氛就比较严肃了。士兵和军乐团如果想去的话也能加入选民队伍。就算是在最无聊的选举法文本之中，也有选举过程的细节记录，里面写道："知名人士会由一名骑兵守护"，坐车绕着村庄走一圈，定好选举日期，然后跟村民们讲解选举流程。在君士坦丁堡内，初级选举完成那天便会有游行，参加这个活动的人不少，不过大家绝对会遵守秩序。在游行队伍的后面是一群阿拉伯击剑手，他们每过一段时间就会表演一次击剑。击剑手或持剑攻击，或以圆形金属盾牌防护。在他们表演击剑之时，游行群众便会停下来欣赏这场表演，没有丝毫的不耐烦。之后警察队伍骑马缓缓走来，其身后则是一队小型的敞篷马车。马车里坐着的是亚美尼亚的主教、伊斯兰教的毛拉与希腊的主教，还有犹太教的拉比。土耳其政府为了公平起见，做好了预防措施，如此一来大家都是平起平坐，没有任何区别。若是未想好预防措施的话，那么政府就会让宗教代表们轮流坐在马车的右座上。而马车后面跟着的是大批亚美尼亚的、希腊的和土耳其的选民，再后边就是由汽车运输的投票箱了。土耳其女孩、希腊女孩、亚美尼亚女孩各有两个，她们共坐一辆车，大家手拉着手，代表着民族团结；女孩们身上都身穿代表和平的白色衣服。由于红色的土耳其毡帽都产自奥地利，因此她们头上戴着的是灰色的羊绒帽。在整个游行队伍后面还有一辆汽车，不过这辆汽车是由几名精壮男性共同推着前行的。汽车后面跟着一只骆驼，其驼峰之上也有个投票箱。一个男孩身穿希腊样式的白色短裙，坐在骆驼背上，神色严肃却带了一部分不屑。在游行队伍中还有一部分骑兵部队和步兵部队，他们的存在让游行有了军事演习的味道。

在游行完成后的选举代表流程就没这么热闹了。二级选民们一起待在邮局大楼中。他们会先交流沟通，不过就算大家想法截然不同，也不会高声喧哗。在选举开始之前，他们还会做祈祷。因为要让非伊斯兰教的选民能听明白，所以祈祷所用的都是简单的术语。大家一同祈求上苍降福于土耳其，让奥斯曼帝国可以永葆昌盛。选举开始之后，土耳其人没有流露出过多的情感，但是他们还是很关心君士坦丁堡的选举。因为政府安排不当，所以君士坦丁堡成了全国最后一个完成选举任务的城市。在新政府的领导之下，各个地区的选举都按照流程进行着，没有出现任何问题。

统一与进步委员会在选举之中扮演着重要角色，他们估算了土耳其境内所有城市甚至是每个县的人口数量。在一部分非穆斯林占比较大的城市中，统一与进步委员会还推选出了其他教派的候选人代表。大家对他们举荐的人也是很支持的。土耳其当时所采取的选举制是简单的比例制。统一与进步委员会会将自己的计划告诉百姓们，是为了提醒大家将选票投给他们所推荐的人。统一与进步委员会的影响力本来就很大，他们推荐的人一般也能当选。不过一部分地方情况比较特殊，特别是土耳其的东部地区，因为统一与进步委员会还不能控制这里的选举情况，所以最后当选的也许会是未经他们考核过的候选人。一般来说这些未被推荐之人，皆是本地声望较高的人，本身就有一定声望，背后也没有其他组织或是政策支持。统一与进步委员会努力拉拢各个组织和党派，保守派也不例外，尽量不和他们为敌。

一部分基督教教徒对于统一与进步委员会的做法很是不满，并且进行了激烈反抗，觉得他们这是滥用职权。在这里我必须要先讲解一下土耳其的选举流程。

每个行政区或乡镇的选民名单都是由伊玛目、牧师和镇长[1]拟定提交的。可在选举之中真正地发挥着作用的还是选区的选举委员会。选民名单的审核校对都是由他们负责的，最终也是由他们确定的。其实他们的工作类似于"校对律师"和"选举检察官"，他们的直系领导是市长，其成员是从行政理事会中选出的，具有补选权。在选举之

---

[1] 类似于英国的监察。——作者注

时，选举委员会常常召开会议、收集资料、进行选民的增添、删减，不过在这个过程之中会出现很多不公正的事情。选民的年纪、籍贯、交税额和政治审核都是有严格规定的，这其中也许就会涉及到法律或别的比较有争议性的问题。

基督教教徒认为选举委员会的成员名单是由统一与进步委员会确定的，其中肯定会有失公允，他们还指责选举委员会的选区划分有问题，比如有些选区内有 250 个土耳其选民，而另一个选区内有 750 个保加利亚选民，可这两者的候选名额却是一样的。除此之外，基督教教徒还觉得选举委员会利用法定豁免权剥夺了一部分人的选民资格。比如一部分希腊人为了逃税，会在选举前说自己是希腊籍，那么在选举之时，其选民资格就是有待商榷的。我们就拿斯特劳米兹选区为例来进行解释吧。据称这个选区的选民基本是马其顿的保加利亚人，可他们"二级选民"则是由 12 个土耳其人、9 个保加利亚人、5 个希腊人、1 个犹太人所组成的，可以发现保加利亚人的选举名额并不合理。马其顿人还会抱怨选民名单上都是用土耳其语写的，而且一部分未满 25 周岁的土耳其人与希腊人也可以成为选民。希腊人经常会以武装暴力恐吓选民，但政府从来都没有管过这些事情。

毫无疑问的是，选举的结果和大家所想的公平选举差别很大。但是我们再了解一下别的国家，如意大利的领导人是怎样操控选举的，也就不会责怪青年土耳其党人的所作所为了。青年土耳其党一直在同保加利亚和希腊斡旋，他们成为执政党，至少保证了奥斯曼帝国领土的完整。这时候若有人故意散播不实消息，说统一与进步委员会特殊关照基督教教徒的话，那么土耳其革命也许会受到很大的伤害。

那时候，基督教的当选人数是远远低于预期的。可若非统一与进步委员会在其中调节的话，那么比例代表制就很难稳定，土耳其别的民族就更难成为候选人了。除了一部分特殊地区外，穆斯林的选票数量一定是会远大于基督教教徒的，这样选民代表就都是穆斯林了。在一部分地区，伊斯兰教代表和基督教代表的比例甚至会达到 10∶1。所以统一与进步委员会的这种安排其实是应该被称赞的，因为他们是考虑到了别的民族才会这么做的。比如统一与进步委员会在发现小亚细亚内地的亚美尼亚人不能成为候选人后，便在士麦那和阿德里安堡给亚美尼亚人分配了名额来补偿他们。特别值得一提的是，亚美尼亚人在宪法中看到了希望，所以就算眼下他们所受到的待遇并不公平，他们也未有多少怨言。

有批评者说统一与进步委员会的权力已经开始流失，可选举结果证明了事实并非如此，因为他们在大部分选区内都大获全胜。君士坦丁堡内的批判者们都持消极态度，但统一与进步委员会还是给出了自己的"选民名单"。与此同时，别的团体也给出了自己的"选民名单"，其中最值得关注的就是希腊人和自由党联盟的名单了。不过就算这些团体给出了名单，但只要他们和统一与进步委员会的名单有所不同，大家最后还是会选择支持统一与进步委员会。

据称，上议院和下议院的绝大部分席位都是统一与进步委员会所掌控的。宪法规定，上议院的议员应该是让阿卜杜勒·哈米德二世确定的。可因为上议院的 2/3 席位都是由统一与进步委员会掌控的，所以阿卜杜勒·哈米德二世基本只能采纳统一与进步委员会的建议。

虽然如此，统一与进步委员会也不怎么满意上议院的构成。据称，他们正准备修改宪法，让上议院的 1/3 议员由民众选举出，而且每提出一项法案之后，只有得到了 2/3 的上议员同意之后，上议院才有权否决。

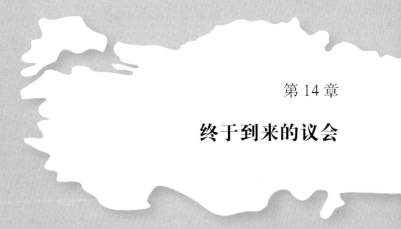

第 14 章

终于到来的议会

议会召开那天的天气很好，只是空气有些干燥，和之前几周的阴天大不相同。每个人都是面带笑容地走出了自己的家门，每家每户都挂了一面印着月牙和星星的红色旗帜。有时也会有绿色的旗帜，可谓是万红丛中一点绿。游行队伍会从佩拉开始往下行进，路过金角湾上的古桥来到苏莱曼大清真寺，随后再往下走，去巴尔干半岛的正义殿，这里曾经也是拜占庭帝国的古城。路上每隔 20 码便有两个巡逻的士兵。曾经的迪奥多西一世广场，如今已经成为了去往陆军部的道路，两边都有骑着白色匈牙利战马的重骑兵守护。他们身穿一套灰色的军装，拿着一杆长矛，上面系着一面红色三角旗。看着眼前的景象，我想到了东方皇帝们游行的壮观场面和统治者们吃着山珍海味、穿着绫罗绸缎的奢靡生活。今天的这场游行自然是比不上从前的繁华，但它是很重要的。我们走过了君士坦丁广场，当年君士坦丁大帝打败李锡尼前曾把一面旗帜埋在了这里；而右边就是著名的古罗马竞技场，查士丁尼一世便是在这里进行过一场激烈斗争。大家最终来到了议会大楼前，这里就是 1877 年召开议会之地，也是以前的奥古斯都堡。在 14 世纪以前，拥有复杂外观的圣索菲亚大教堂便像如今这样屹立于此处。

在和几位大臣聊过之后，我们一行人经过庭院来到了一楼，然后被带到了会议室旁的廊台中，这里很像是剧院的包厢。廊台不高，却有窗户，推窗便能看到大家刚才走过的空地，现在还有些时间，我正好能趁机观察一下旁边的状况。

我们右边是圣索菲亚大教堂比较低的穹顶所构成的建筑。在它旁边有身穿黑色或蓝紫色衣服的妇女们走过。我们站在窗边，圣索菲亚大教堂的中心穹顶映入眼帘，其上是一轮新月，外面镀了一层金。左边的建筑被墙角挡住了，我看不到。正前方则是游行队伍会经过的山坡，在那上面有许多杂乱的房屋。而山顶之上则是一座高高的舍拉斯科塔，塔身通白，和背后的蓝色天空相得益彰。

浩浩荡荡的游行队伍走了过来，大部分的人都戴着一顶红色毡帽，从上往下看，他们就像是一片红色海洋，而红海中的点缀便是牧师的白色头巾和法学院所拿的白色旗帜。人们兴高采烈地穿梭在队伍中，士兵们有时为了维持秩序，也会使用枪托。不过没有人会和士兵发生争执，他们性情都很温和。所以在游行之时，队伍里面没有发生任何矛盾冲突。身穿藏蓝色军装的步兵们站成四排立于路边，让游行队伍可以从中间走。这条路并不是笔直的，但这也让游行队伍有了更多的美感。身穿卡其色军装的轻步兵则守卫在议会大楼门口，这个位置也是很重要的。这些轻步兵都是从马其顿来的卫戍部队，在革命之中也发挥了大作用。军乐团一直在演奏新的宪法战歌，似乎怎么听也不会腻。中午的阳光洒在右边的铜管乐器上，很是耀眼。

我们就站在窗边，静静地看着一个个代表入场。军官们都身穿整齐的军装走进来，入座后便将外套脱了下来。其他人则是头戴一顶毡帽，身穿一套长礼服。有个库尔德的代表走了进来，他披着一件黑白交错的皮斗篷，围着一条头巾，还戴了一顶黑色帽子。有个从也门来的阿拉伯代表头上围了一条绿色和淡紫色交错的阿拉伯头巾，边角垂到黑色脸颊旁，他身穿一袭拖地的黑色长袍站在远方。大臣们都身穿黑色官服，上面绣着金色纹案，配了一条很宽的绿色肩带。伊斯兰教学者乌理玛带着一方白头巾，身穿一袭长袍，衣领则是靓丽的绿色和金色。谢赫－乌拉－伊斯兰穿的则是白衣服，戴了一方深黄色的头巾。希腊主教穿的也是绿领黑衣，看着很正式。亚美尼亚与保加利亚主教还有罗马教廷代表则是戴着帽子，身穿紫色长袍，十分飘逸。外交使团们外衣笔挺，头戴一顶以羽毛为装饰的卷边三角帽，资历高的先进场，资历越低，进场越晚。这便是参加议会的主要宾客了。还有一点，我需要特别提出来，那就是当英国大使到场后，全场爆发出了热烈掌声。

议会大厅的座位很快便坐满了。大厅为正方形，面积不大，墙体雪白，窗帘和座套都是土耳其国旗色。主席台和秘书组的桌子基本是占了一面墙的空间。主席台对面则是代表我们的座位，每个座位之前都有桌子。从上往下看，参会人员就像是一排排红色的毡帽，中间夹杂着三四十顶白色头巾。其他三个方向都有楼座。主席台的正下方是参议员和教会贵族们。基督教和伊斯兰教的神职人员都有专座。不过伊斯兰教神职人员为了表示友好，还是主动邀请基督教牧师坐在了他们旁边。有个毛拉还亲吻了青年土耳其党领导艾哈迈德·里扎的额头。伊斯梅尔·恩维尔帕夏和委员会成员都在一楼落座。在代表们全都入座之后，大家就不再说话了，整个房间都静了下来，入场便完成了。

高潮即将来临，一阵军号声突然响起，随后士兵们便手持带刺刀的步枪行持枪礼，军乐团开始演奏《哈米德进行曲》。我们看向窗外，只见在那片空地不远处的一座建筑的拐角处，骑兵们骑马而来，但速度不快。白马悠闲地进入了竞技场，骑兵们手里的红色三角旗随风而动。他们刚穿过了竞技场，来不及在议会大楼门前列队站开，便有一辆马车从他们旁边飞奔而过，马车上坐着的就是阿卜杜勒·哈米德二世。这辆马车是维多利亚马车，十分轻巧，由 4 匹红棕马拉着，车上设有华盖。坐在阿卜杜勒·哈米德二世对面的就是其子布尔汗·赫丁与大维齐尔穆罕默德·卡米勒帕夏。他们仅用了半个钟头就从耶尔德兹宫赶到了议会大楼，这之间可是隔了 4 英里远呢。所以，他们的队伍难免有些凌乱。我看见几辆马车飞奔而过，旁边围了一众骑手，他们是阿卜杜勒·哈米德二世和皇亲贵族们的侍卫，皆身穿华美的制服，然后停在了议会大楼门前。

阿卜杜勒·哈米德二世和他的手下们跨上台阶之时，百姓们格外安静。当我们回过神后，阿卜杜勒·哈米德二世已经来到了主席台左边的包厢之中。他站在里面，身后有电灯的光照过来，让大家能看清他的脸。他头上戴着的是一顶很朴素的毡帽，有些前倾的额头上带着一点忧虑和疲惫，厚实的红色镶边的暗灰色军装盖住了他那瘦小的身材，他的肩上还戴着厚重的肩章。阿卜杜勒·哈米德二世跟大家挥手示意，所有人便安静地站在原地。之后，典礼官接过了他的御前宣言，将其交由耶尔德兹宫首席秘书朗读。在这个过程中，谢赫－乌拉－伊斯兰等大臣依次返回了座位。首席秘书朗读道："虽然总有奸佞作祟，但新议会的选举还是要如期举行。"话音一落，掌声四起，只是有些沉闷。在座之人都很明白，在这 30 年间，阿卜杜勒·哈米德二世的名字让奥斯曼帝国的所有人都感到害怕、发抖。而他如今就站在包厢之中，尽管场面还是很令人震撼，不过他其实已成了一个傀儡。他偶尔用戴着白手套的手整理整理毡帽，不过大多数时候他都是紧握剑柄，身体前倾，重心在两脚之间交换。我们能看出他是很紧张的。在首席秘书读完了御前宣言后，号角声响彻云霄，百门大炮齐轰，昭示着议会的开始。

而后年纪最大的乌理玛[1]站了起来，他面向阿卜杜勒·哈米德二世，向真主祷告，希望奥斯曼帝国和新宪法都能得到他的保护。乌理玛的声音很是浑厚，感情也充沛。在他祷告之时，阿卜杜勒·哈米德二世带着现场的人集体站了起来，伸出双手，掌心朝上，低声附和，看起来像是一种宗教仪式。最后阿卜杜勒·哈米德二世用坚定的语气说了

---

[1]　乌理玛（Ulema），即穆斯林国家对有名望的神学家和教法学家的统称。——译者注

几句话，在场的人都惊呆了。他左手握住剑，右手指着所有的代表说，他很开心可以在此处看到大家，也诚心希望议会可以圆满成功。在他说完这些话后，又向大家敬了一个礼，然后便转身离去了，议会的开幕式完成。

阿卜杜勒·哈米德二世在说这些话之时，心中是什么样的感想呢？当时在现场的人有些是被阿卜杜勒·哈米德二世发配边疆的；有些人的亲友因为阿卜杜勒·哈米德二世的敕令而离世了；在角落中还有很多青年军官，他们是揭竿而起的号召者和行动者。当阿卜杜勒·哈米德二世用写满了忐忑的双眼看向人群中的这些人时，他到底会不会想到他自个儿呢？他的一生也算是大起大落了，那他有没有想到过在一切尘埃落定后土耳其人居然没有苛责于他？他从离开耶尔德兹宫开始，心里便应该是紧张害怕的，如今他可以放心了。其实在这种情况下，就算土耳其人真的把阿卜杜勒·哈米德二世处以极刑，也没有人会责怪他们。可当阿卜杜勒·哈米德二世再站在他们面前时，大家还是愿意为他喝彩鼓掌，以示欢迎。阿卜杜勒·哈米德二世确实已经老了，新政权也比旧政权更加稳固。阿卜杜勒·哈米德二世说出的那些话中是否也有他的几分真心呢？

不过，在这个时候，议会大厅里的代表们根本顾不上阿卜杜勒·哈米德二世到底是真心还是假意，因为有很多更重要的问题需要他们去思考。有人对于阿卜杜勒·哈米德二世未曾表示他将效忠于宪法的行为很是不满，代表们也不愿意单独宣誓将尽忠于宪法，于是只能由议会主席来宣读，并且让下议院给出一致的表决意见。之后，议会开始进入重要阶段。议员们的能力全部展露无遗。羽毛、带子、金片、钢棍这些东西微不足道，关键的是身穿长礼服的代表们，土耳其的未来是好是坏将由他们决定。

人们现在最关注的还是从会场离开的阿卜杜勒·哈米德二世和参会人员。这场华丽的政治表演马上就要谢幕，在场的人们也都向自己支持的代表送上了掌声。若是通过这场华丽的开幕仪式，可以让土耳其人感受到革命的伟大和自由的曙光，那么它就完成了自己的使命。接近黄昏之时，城市的灯火已经点燃，夕阳西下，夜色降临之后，宫殿中的灯火倒映在波光粼粼的博斯普鲁斯海峡上。美丽的焰火点亮了整个夜空。金角湾的船舶也被灯光所笼罩，每艘船都亮起了探照灯，照亮了岸边的屋顶、穹顶、灯塔。宣礼塔的顶部还晕染有淡淡光晕。一部分莽撞的游客甚至拿起左轮手枪不停地向空中开枪。

让人惊讶的是这场狂欢十分短暂。因为在君士坦丁堡内，大家都已习惯了早睡，只有一部分心怀不轨的人才会在夜里行动。所以在 1908 年 12 月 7 日晚上 7 点，灯火便渐渐暗淡了。两个钟头之后，这座城市安静了下来。我们也只好摸黑返回住所。更夫依旧手持长杖，独自漫步在空荡的大街之上，这是这里的习俗，一直都没有变过。

第 15 章

自由党联盟的崛起

关于新议会的人事的具体安排，我们无从得知，只了解到这次新议会共有 240 名议员，新议会之中最大的一个独立团体，应该是教会中的 40 名左右的神职人员。议员中既有贝伊和地主，也有很多医生、律师，还有前政府官员。议员之中大概有 8 个人是统一与进步委员会的领袖，基本上是萨洛尼卡、君士坦丁堡以及阿德里安堡的代表。

在奥斯曼帝国内，议员的划分也是至关重要的。大概有 150 名议员是土耳其人、库尔德人和阿尔巴尼亚人；约有 50 名议员代表是来自阿拉伯语省份。在信仰基督教的议员中有 18 名希腊议员，人数最多，随后便是 12 名亚美尼亚议员，4 名保加利亚议员，2 名塞尔维亚议员，3 名犹太议员、1 名瓦拉几亚议员。奥斯曼帝国的主要地区议员代表人数情况是这样的：在君士坦丁堡内，5 名土耳其议员，2 名希腊议员，2 名亚美尼亚议员、1 名犹太议员；在萨洛尼卡内，3 名土耳其议员、1 名希腊议员、1 名犹太议员、1 名瓦拉几亚议员；在莫纳斯提尔内，土耳其议员、希腊议员、保加利亚议员、塞尔维亚议员各 1 名；在埃尔祖鲁姆内，3 名土耳其议员，1 名亚美尼亚议员；在士麦那内，4 名土耳其议员、2 名希腊议员、1 名亚美尼亚议员；在阿勒颇内，5 名土耳其议员。

眼下，下议院最明显的特点就是很关注自己的权限。在听完了阿卜杜勒·哈米德二世的御前宣言后，下议院的回应也很直接，而且用词强硬，其重点放在了国内外事务之上，内容具体如下：

阿卜杜勒·迈吉德一世陛下已经在创建自由原则的法令上签字了。您答应了颁布宪法所采用的形式，并且再度确认了其自由原则。1876 年宪法确实得到了百姓们的认可，可下议院在违背宪法之后就被解散了。那些别有用心、想要陛下违背宪法的人居然敢不顾舆论和事实，直接站出来说土耳其人不配治理国家。感谢真主的保佑，国人们发现奥斯曼帝国大厦将倾，也将共同期许告知了陛下。陛下在知道事态紧急后，不再被奸臣所欺骗，召开了这次的议会。我们很是感激陛下。

我们也很感谢您可以体察民意，挽救了奥斯曼帝国。可与此同时我们觉得若是当初陛下没有亲小人远贤臣的话，那么如今的奥斯曼帝国应该是一片欣欣向荣之象，而不是满目疮痍，国内也不会发生以权谋私的乱象。

保加利亚已经竖起了独立的旗帜，奥地利和波斯尼亚－黑塞哥维那合并了。但因为奥斯曼帝国经历了和平革命，所以求和是我

们唯一的选择。在这两件事上，我们和陛下一样都觉得很遗憾。下
议院在制定各种内外政策时，一直都是以和平为重，我们也相信任
何问题都将被圆满解决。

纯粹主义者在谨遵宪法方面有所进步。上议院在议会开幕那天派
了代表来下议院表示祝贺。下议院觉得他们这么做是在炫耀他们的优
越感，下议院的议员们以宪法条款为依据，表示上议院与下议院的交
流都应该用公文，从而没有对上议院代表进行接待。

有议员支持波斯的宪政主义者和国外的宪政运动，于是发表了
一封用词强硬的议案。他们在议会的辩论之中很少发言，会听从广
受爱戴的名人的领导。在竞选议员之时，大马士革的一名代表在之
前有过不正当的行为，并且从事了所谓的间谍行动，所以百姓对他
多有质疑，可议会还是让他通过了竞选。如此一来，本来会引起百
姓们的激烈反抗，可那些在最初便坚决反对的人为了不惹事，最终
还是没有举证起诉。

现在并不知道下议院其议员们是不是会被划分成不同党派，也不
知道应该以怎样的态度去面对政府和政权。可能够确定的是，在土耳
其境内绝不会有真正的反对派。毋庸置疑的是，一部分议员也称得上
是保守派了。不过根据相关证据显示，就算是在土耳其的东南省份，
也没有任何人会赞成让旧政权的人做议员。若是在议会之中出现了反
对势力的话，他们肯定认为是议员们被那些想推翻新政权的人洗脑了。
这种情况如果想转变成现实，那只有可能是在发生了浩浩荡荡的民众

运动之后。除此之外，有种可能性也该被排除，那就是全体穆斯林议员公开地支持某一方，而基督教议员则支持其对立方。之所以将这种情况排除，是因为在 240 名议员之中，只有 37 名是信奉基督教的。单纯的宗教分歧并不会导致政策出现负面影响的分歧。出乎许多人预料的是，就宗教问题而言，土耳其议会或许是全球最同质化的议会了。穆斯林议员拥有数量上的绝对优势，这其实是一个不容小觑的危机。与此同时，我们还需要关注一个情况——虽然议员之中的基督教教徒不多，但他们实际上所拥有的发言权是大于理论上的。除开议会，基督教教徒议员也象征着一股强大而重要的力量，所以他们虽然在议会之中不占优势，但也会因此而统一阵营。

还有个值得讨论且十分有趣的话题——代表萨巴赫丁·德·纳沙泰尔亲王观点中的自由党联盟之后的发展。自由党联盟在竞选中并没有过大的优势，可在以后的社会中，他们所代表的观点或许会登上政坛，并且占据中心位置。他们还提出了一个"行政去中心化"的方案，在他们看来，因选举而出现的地方政务理事会理应担负起推行政策执行法律的责任。从理论上来说，地方政务理事会并没有被废除，只不过现在是有了东山再起的机会。自由党联盟在最初方案中提到了"自治"，但是由于这个词语很敏感，所以在之后的方案中，他们只好用了别的词语来解释这个观念，而不再使用这个词了。自由党联盟对外说，他们的成员来自各个民族，绝对不支持泛土耳其化主义，他们提倡的是奥斯曼爱国情怀，觉得会提出自治要求的不仅是阿尔巴尼亚人、保加利亚人、希腊人，还有阿拉伯人、叙利亚人和别的民族。自由党联盟或许会在同样的政治利益的驱使下成为举足轻重的伊斯兰教－基督教机构。

预备军官派、社会民主党派、十月党派与社会革命派组成了俄国首届杜马（俄罗斯联邦会议的下议院）。那么土耳其议会是否会由于每个人所持的理论都有一部分不一样而再次分派而立呢？议会现在要处理的问题和社会、经济都没有关系，国家的治理问题属于集权化问题，可因此而发生的分歧最终会形成民族分歧，导致的后果也会让人百思不得其解。比如，议会中最具神秘性的问题之一是阿拉伯议员代表问题。阿拉伯选民大约有 500 万人，这表示他们的议员是有广泛代表性的。阿拉伯人会与基督教教徒联手要求实行自治吗？还是会与基督教教徒为敌，将其当作异教徒？

若是下议院最终形成了两个主要派别的话，那么我们觉得其中之一会是一个由在政治和宗教方面都比较保守的议员们所组成的"右派势力"。"右派"议员会支持保留阿卜杜勒·哈米德二世的某些权力，在某种程度上确保土耳其民族的优越地位。而他们在处理外交政治问题上会以帝国主义策略为基准，也许会支持和德意志帝国建交。除此之外，土耳其议会也会出现谨遵宪法的"左派势力"，他们把注意力都放在了土耳其的内部政务上，想要引进西方的自由主义思想，得到同样的工作效率，所以会寻求英国的理解和支持。

这些都是我们根据欧洲各国的发展经验所做的猜想，不一定对。土耳其议会不管是在组织结构还是在本质上可能都会成为一个与众不同的议会。在土耳其人的心目中，议会之内都是才智无双的人，他们甚至会认为这些人是给阿卜杜勒·哈米德二世或者是给先知做过顾问的，他们之中还有主导一切事物的领袖，别的人只要奉命行事就好。在土耳其人看来，议会也许不过是一个咨询机构罢了，他们不会把它当作权力控制机构。议会的所有权力都给了行政部门，而他们只会在偶然发生的、需要郑重表示民意的场合展示其权威。

直到现在，土耳其议会在两件大事之上都未提出任何异议。其一是推行新政府的总体政策，其二是要求修改宪法。我们目前并不能确定土耳其在宪法修订之后会发生怎样的变化。议员们都提议重建上议院，以示民主。除此之外，议员们对于宪法的第113条规定也有所顾忌。这条规定如下：阿卜杜勒·哈米德二世依旧拥有流放权，行政部门掌控军事法令宣布权。漫画新闻报《笔》是创办于土耳其革命期间的，它曾刊登过一幅漫画——在襁褓之中的婴儿的头顶挂着一把毁灭之剑。其中婴儿就是青年土耳其党人，毁灭之剑则是宪法第113条规定。

第 16 章

革命前后的国际风云

　　我在之前几章讲述了土耳其革命发生的背景、青年土耳其党的工作内容及其特点，还有土耳其目前所面对的内部问题，相信也能表明土耳其问题的复杂性。因为有外部势力介入，所以青年土耳其党不能全身心地解决目前的问题。大家一直都把巴尔干半岛当作是欧洲的炸弹，有利益纠葛的各个国家相互制衡，只要有一点变化就会引起新的矛盾。虽然土耳其的执政者们无法从国内事务中脱身，但能够确定的是，无论是在国内还是在国际上，土耳其都将迎来一个新挑战。

　　在革命期间，若想了解青年土耳其党和欧洲别的国家的关系，就要先了解一下在宪法实行前后的几个月间，国际上发生了哪些大事件。我之前说过，国外的情况是会促进土耳其革命发展的。其实国际局势在土耳其革命发生之前便已经很紧张了。保加利亚人在1903年被迫起义，之后受到各国关注的马其顿局势也越来越紧张。欧洲各国都想要利用自己的权力从外改革土耳其，他们虽然未能改变土耳其人的命

运，但还是派了很多自己国家的官员去土耳其任职。也就是这些人让
外界了解到了土耳其人正处于水深火热之中，整个欧洲都开始关注土
耳其。土耳其的未来是多变的。所以和土耳其接壤的几大列强必须要
想好怎样去面对土耳其可能会发生的状况，在它们之中，有些是对土
耳其有所图谋；有些积极备战；还有些在掌控了土耳其某些地方的所
谓的民意后，着手商定方案，打算在奥斯曼帝国分崩离析之时提出来。
英、法、意三国都在努力引导大家将注意力放在马其顿人的利益之上，
他们耐心地提出马其顿人的利益是和人道问题挂钩的，并且多次提示
外交界，若是土耳其的欧洲地区得不到规范管理，继续被欧洲列国，
尤其是英国所掌控的话，那么土耳其境内早晚会发生动乱，严重一点
还会危及到欧洲的和平稳定。1905 年年末，英国在兰斯多恩侯爵亨
利·佩蒂－菲茨莫里斯的建议之下开展了一场海上军演，其目的是强
迫土耳其接受其所提出的新改革方案。当我在 1907 年访问马其顿时，
被派去土耳其宪兵队的欧洲军官们正好在开会，他们义愤填膺地指出
了土耳其政府所做的阻挠，情绪激昂。他们还说出了自己的要求，打
算在合适之际让君士坦丁堡大使馆把这些要求提交到耶尔德兹宫。

　　横跨诺维－巴扎尔地区的铁路勘测权突然被奥地利获得，这让欧
洲外交界越来越关注土耳其了。这并不是什么大事，可一直存在争议
的近东问题因此又成为了人们关注的焦点。直到现在奥地利和俄国都
常常被当作是土耳其改革工作的欧洲代理人，可是他们对此并没有什
么兴趣。土耳其人一直在抗议欧洲所提的改革方案，但他们只得到了
一个模糊的答复——奥、俄两国与土耳其的利益密切相关，并且他们

拥有着强大的实力。如今再回头看，可以发现现在所发生的一切正是土耳其人那时所设想的最坏结局。奥地利看似光明正大，但背地里一直在推行可以帮自己开疆拓土的计划。可是现在已经没必要去研究奥地利的真正图谋了，我更在意的是别的国家是怎么看待奥地利的。据称，奥地利的动机是很简单，它想要的领土范围是以爱琴海为界线，而且它还得到了德意志帝国的支持。奥地利仗着"改革型"大国的身份，一直在利用其影响力和阿卜杜勒·哈米德二世周旋，想要在物质上得到更多好处。奥地利向奥斯曼帝国提议修建一条从东向南的铁路，这条铁路会把波斯尼亚的萨拉热窝和土耳其的米特罗维察连起来。奥地利的一家公司当时正在建造从米特罗维察到萨洛尼卡的铁路。《柏林条约》中有一条让人费解的条款，奥地利就是根据这一条款派军驻守在米特罗维察。在奥地利军队旁就是驻守于诺维－巴扎尔地区的土耳其军队。所以，其实沿铁路线的部分地区早就被军队所控制了。

不过俄国和塞尔维亚对于奥地利的铁路建设方案坚决反对，他们提议修一条可以连通多瑙河周边国家和亚得里亚海的铁路。这条铁路从西向南出发，起始地为尼什，经过诺维－巴扎尔地区后到达一个港口，这个港口也许是黑山沿岸的圣乔瓦尼港。奥地利和俄国各执己见，其关系也越发疏远，不过这有利于欧洲各国形成新的联盟。奥、德两国越走越近，俄国与英国关系日益亲密。但不管怎么样，我们能够根据英国国王乔治五世和沙皇尼古拉二世在近东地区雷瓦尔进行的会晤中发现，欧洲的局势开始被之前为了解决亚洲边境问题而形成的英俄友好关系所影响。1907 年秋季，布加勒斯特、雅典、维也纳、索菲亚、君士坦丁堡等地都开始关注英俄是否会形成联盟的事情。对此，各种说法都有，不过其中最靠谱的应该是马上就会出现一个激烈反对土耳其政策的英俄联盟了，这是在两国联手施压于土耳其政府的情况下形成的，其目的就是在得到土耳其新政府的承诺下，继续在土耳其境内推行现行的土耳其改革方案。

这便是土耳其在 1908 年年初所处的国际形势了。外国的报纸和百姓并未关注奥斯曼帝国境内所发生的改革，对于他们而言，土耳其革命离他们实在是太远了，很多人都不知道统一与进步委员会的存在。只有欧洲各国驻土耳其大使馆中的人们察觉到这里马上要经历一场重大变革了，不过他们也没有考虑过土耳其人的想法。而像是希腊、保加利亚、塞尔维亚等土耳其周边的小国将巴尔干半岛问题视作是关系到国家存在与否的大事，而不是世界政坛的一个游戏。所以他们在土耳其革命期间比平常更加活跃，也更加警惕。因为这些国家中的很多人和土耳其人都有血缘关系，所以他们也很关注土耳其人的未来将会如何。他们也会在土耳其走下坡路之时争着确定自己的势力范围。不过，实力较弱的土耳其政府还是在民族矛盾中发现了有利于他们的部分，并以此维系政权。所以，土耳其政府一直在拼尽全力地挑起民族矛盾，并且将其放大化。欧洲列强还对这些经常引起麻烦的小国发出了谴责声明，其威胁意味很浓。不过这些小国的百姓们并不在意，他们还是继续在土耳其境内修建学校，武装民众，以此来帮助他们的土耳其亲友。他们一致认为奥斯曼帝国宛如一个垂垂老矣之人，他现在所面对的问题就是应该怎样处理自己的遗产。

 土耳其革命让巴尔干半岛问题出现了新的元素，这既影响了土耳其政府，也让欧洲各国对土耳其打的小算盘落空，他们之前所做的一切都得从头计划了。土耳其百姓们现在满腔热血。而之前并没有因土耳其内政而忧心忡忡的小国开始害怕了。从表面上来看，欧洲各国都很支持土耳其的新政权。英国和土耳其利益并不冲突，并且让爱德华·格雷爵士向土耳其新政府送上了最美好的祝福。有了英国的开头，欧洲其他国家也开始照葫芦画瓢，送上了祝贺之词。不过这种情况并没有维持太久，别的国家发现土耳其不会走向灭亡，并且很有可能成为一个更强悍、更具威胁性的国家，于是在土耳其要回其所失去的省份主权[1]时，它们便要有新动作了，而这些行为都不利于欧洲的和平稳定。保加利亚得到了经过鲁米利亚的土耳其东方铁路的掌控权；奥地利在 1908 年 10 月 3 日将波斯尼亚－黑塞哥维那收入自己的版图。土耳其人开始思考是否要将保加利亚当作附属国了，所以在举办外交宴时，并未对保加利亚发出邀请。保加利亚人便借此机会宣布独立了。然后克里特岛也宣布与希腊王国合并了。

---

 [1] 在《柏林条约》束缚和欧洲各国的驱赶下，土耳其军队一直都不能在土耳其失去了控制权的省份中驻扎，不过根据国际法，土耳其还是拥有这些地区的主权的，只是这个主权范围并不明确。——作者注

第 17 章

猎物：巴尔干半岛

此前所提到的事情并不是凭空发生的。保加利亚一直都觉得会和土耳其开战，因为在他们看来这能真正地解决马其顿问题，也是唯一的方法。保加利亚为此牺牲了很多，不过最终还是建立起了自己的军队。如今再来看待这个问题，发动战事的可能性还是有的，只是保加利亚好像没有找到能够和土耳其对抗的时机。保加利亚现在不但独立无望，甚至不能保全自己。据称土耳其人已经做好了开战的准备了。虽然他们将东方铁路租借给了一家公司，但这还是属于土耳其政府的资产，土耳其军队可以从这里攻打保加利亚。土耳其人觉得伊凡·埃夫斯特拉铁夫·盖朔夫所代表的就是奥斯曼帝国的附属国，所以土耳其在举办外交宴之时并没有请他前来参加。青年土耳其党似乎是在借由这件事表明他们会在合法的范围内亮明态度。若是保加利亚一定要独立的话就必须立马采取行动，证明其立场。保加利亚人对此也是有着迫切希望的。可是他们的决定太过匆忙，所以才会有现在的情况，他们所采取的那些行动根本不会影响到土耳其。不过，毋庸置疑的是，保加利亚人还是损害了土耳其新政府的名誉。

奥地利也许能够用相同的借口为自身行为开脱，虽然这并不具有说服力。土耳其也有可能会再度强调自己享有对波斯尼亚的主权。穆斯林在波斯尼亚和东正教塞尔维亚人结盟了，他们可能会揭竿而起。奥地利政府理应立即梳理当前局势，这也是对奥地利和整个欧洲的和平的负责态度。奥地利政府可以宣布其所作所为只是对目前情况的紧急反应，也可以说明他们在拿下波斯尼亚之时也会补偿土耳其。奥地利军队从诺维－巴扎尔地区撤兵之举也在暗示他们不打算吞并萨洛尼卡了。但从理智的角度来说，奥地利对于别的问题的思考比他们所公布的理由更加重要。奥地利和保加利亚的不同之处在于他们不能公开宣布自己受到了威胁，其民众对此也没有任何的执念。还有一点也是至关重要的，那就是奥地利是和其他列强一起在《柏林条约》签了字的，这是他们所做出的承诺。如今，奥地利却毫无征兆地毁约了，它在1871年的伦敦大会上，在没有经过签约国的集体同意之下，突然宣布不会遵守承诺。而眼下，奥地利人公开宣布他们所做的一切事情都是因为一己私欲，这是不符合《柏林条约》的。奥地利人的这种做法远比波斯尼亚叛乱和青年土耳其党的沙文主义政策更有可能影响欧洲的和平稳定。

因为还发生了很多大事，所以大家都没怎么关注克里特岛加入了希腊这件事情。克里特岛的很多人也许都参考了别的国家的说辞。可其实他们所针对的并非是土耳其，而是英、法、意、俄四国，他们才是这些年来真正掌控着克里特岛的国家。希腊内阁也在等待他们回应，所以暂时没有理会克里特岛人的所作所为。

在 1908 年的秋季发生了很多事情，大家都有些应接不暇，突然到来的挑战让青年土耳其党差点被卷入战乱之中。爱德华·格雷爵士宣布，英国在欧洲各国未开展重要讨论前不会支持任何不利于土耳其权利之事。他还说，土耳其现在遭遇重创，其他国家理应先和土耳其进行协商讨论。除此之外，斯拉夫国家也因为土耳其局势的变换而遭遇了一样的损失，其赔偿问题也将是这次会议的一个重要议题。不管是在大家重点关注的土耳其各省，还是在奥斯曼帝国的其余地区，土耳其新政府对于他们在法理上合理但不切实际的诉求并不感兴趣。即便如此，大家还是察觉到了土耳其国家声誉有损的事实。土耳其革命点燃了土耳其人的爱国热情，这也是其取得的重要成就之一。青年土耳其党一直在和旧政权做抗争，在他们看来就是旧政权的统治才让奥斯曼帝国的领土陷入危机之中。让所有人都觉得惊讶的是，土耳其革命刚见起色，青年土耳其党就必须要处理国家所遭受的损失问题。虽然这个损失是技术方面的，但极有可能被土耳其的反动势力当作武器来攻击新政权。此时，青年土耳其党若是还要面临着外交危机的话，那他们的处境将会很艰难。另外，土耳其人觉得，若现在是他们唯一可以在税收和公共税务方面提出诉求并且得到满足的机会的话，那么欧洲各国都应认真仔细地审视一下他们的要求，并且尽量满足。因为土耳其现在需要大笔钱财来推动国内改革，所以税收问题是眼下极为重要的事情。

　　除此之外，土耳其人一直都很喜欢英国。不过，他们在英国驻土耳其大使馆面前所举办的"游行活动"实在是让人有些尴尬。一群怀着满腔热情的土耳其人常常会在英国大使馆面前聚会，他们手中拿着两国国旗，偶尔还会有法、俄两国的国旗。然后就有人会进行演讲，其主题都是称赞、歌颂英国，在场的其他人便会鼓掌附和。最后秘书会打开使馆大门出来，用法语向这些人表示感谢，而后向他们道一个晚安。这时候门前的所有人会开心呐喊，这架势就像是英国舰队已经来到达达尼尔海峡了一样。土耳其人之所以会这么喜欢英国，主要还是因为英国政府对土耳其问题的态度。虽然接受过良好教育的土耳其人会觉得英国对土耳其的帮助只是道义上而非物质上的，但大多数人还是会很感激英国这么做的。其实英国或许会帮土耳其，使其不必和奥地利或保加利亚开战，或是避免让土耳其和它们同时开战。战争一旦爆发，那么执政不到三个月的土耳其宪政政府肯定会被毁掉。若是没有英国政府表态的话，那么欧洲其他列强也许会针对土耳其采取一系列敌对行动，俄国也不会站在土耳其新政权这边。英国政府的中立态度其实是帮了土耳其一把的。其实有人觉得英国这么做是冒着很大的危险的，不过事实表示英国并没有做错。

　　现在所提到的相关各国的利益都是和土耳其利益紧密相连的，新政权要想稳定下来，也需要经历很大的挑战。土耳其现在是欧洲复杂局势的问题中心。虽然眼下欧洲政坛波诡云谲，但大家还是更关注君士坦丁堡。

　　本书所关注的这段时期也是大家一直在讨论的时期。在这段时间里，各方势力先后进行了谈判。人们最开始关注的是土耳其内政，现在则逐渐开始关注土耳其和保加利亚、奥地利的纠纷。在土耳其境内，大家所讨论的问题都是召开欧洲列强联席会议。奥地利公然撕毁《柏林条约》一事也让国际上更加关注土耳其了。不过根据现在的情况来看，在召开联席会议之前，谈判应该可以处理很多问题。

从法律方面来看，保加利亚应该赔偿土耳其 2200 万英镑，这里面还包含了东方铁路线的赔偿。《柏林条约》也有条文写明保加利亚应该向土耳其进贡。东鲁米利亚每年应向土耳其进贡 24 万英镑。与此同时，《柏林条约》还规定保加利亚应该负责偿还奥斯曼帝国的一部分债务。据称，这笔债务之所以由保加利亚承担，是因为这是由收益已经完全归保加利亚所有的永久性工程所欠。不过，这种在法律方面的赔偿很明显是不合常理的。虽然土耳其人已经举证——弗朗茨·斐迪南大公的话和他所做出的承诺，以此说明保加利亚是想要支付给奥斯曼帝国赔偿的，可保加利亚向土耳其上贡的事情一直都未落实，所以土耳其也没有收到过保加利亚的钱。而东鲁米利亚每年倒是向土耳其进贡了，可他们交给土耳其的钱只有规定量的一半，并且这些钱还都被债券持有人占有了。不过，土耳其对此毫无热情。大家开始怀疑代表奥斯曼帝国债务的固定劳务收入的价值和存在的意义了。所以许多人觉得一定要在土耳其对大笔资金的紧急需求和保加利亚没有还款能力之间找到一个平衡点。并且，在解决赔偿问题时双方的拖延或许会加剧彼此间的矛盾。可土耳其人不会因此而埋怨保加利亚人，所以两边的问题还是有可能被解决的。保加利亚国民大会还对土耳其议会送上了祝福，土耳其议会也是十分开心。

可惜土耳其与奥地利的矛盾并非赔偿这么简单。土耳其人一直都很讨厌奥地利人，他们的矛盾主要体现在国民情感上。奥地利在《柏林条约》上签字了，也是欧洲各国在马其顿进行改革的代理国之一，但在土耳其国内情况最严峻之时，奥地利还毁了土耳其的声誉。所以土耳其人对奥地利的所作所为有着满腔愤怒，而这种愤怒也化成了一股强大的力量。一个青年土耳其党领导人提议让土耳其人统一战线，共同抵制奥地利的全部产品，大家对此也很是赞同。土耳其的这种做法导致众多奥地利商人经营失败，只能宣布破产。土耳其的"纠察队"一直都在监控土耳其境内的奥地利店铺，让土耳其人都别接近它们。奥地利的劳埃德轮船公司不能在土耳其港口停靠；港口的搬运工也不会搬运奥地利货物；零售商不愿意接受奥地利商品，甚至还在窗口前竖起了标语——尊重百姓的意愿，拒绝奥地利产品。土耳其国内的蔗糖大多都是来自于奥地利，所以在抵制行为开始之后，蔗糖的价格涨了60%，可大家都不在乎。

在抵制行为中，土耳其人最明显的表现就是不再佩戴奥地利产的红色毡帽，转而戴起了各类灰色羊绒帽。

若是波斯尼亚被奥地利兼并所引起的危机只波及塞尔维亚、黑山、奥地利的斯拉夫省和波斯尼亚的话，我们根本不需要太担忧。可倒霉的是，土耳其也被波及了。塞尔维亚议会在1908年年末建议把波斯尼亚设为自治省，由欧洲各国做担保，让土耳其掌控其宗主权。而塞尔维亚议会之所以会这么提议，可能是因为他们对俄国政府的冷血很是不满。后者可以做很多事情，就是不给出一个郑重的承诺。从某些方面来说，塞尔维亚是想呼吁土耳其政府的，因为土耳其不会忘记在这几百年间，波斯尼亚的主权一直是属于它的。据称波斯尼亚还建立了革命委员会，也就是穆斯林和信奉东正教的塞尔维亚的结盟。波斯尼亚革命委员会自然也会要求得到自治权，这样才能推行他们自己的政策。塞尔维亚一直在和土耳其交好，不但停止了在马其顿地区的民族主义宣传活动，还提出可以利用自由贸易的形式发展诺维－巴扎尔地区的经济。由此能够发现，塞尔维亚的民族宣传政策有着一部分人为特点。不出大家所料，波斯尼亚的起义不但吸引了很多阿尔巴尼亚志愿者，还让大家更同情土耳其了。若是土耳其政府还要面对塞尔维亚与奥地利战争的话，那这无疑是雪上加霜。

好在通过数月谈判，奥地利还是答应向土耳其赔付 250 万英镑，土耳其政府也同意了这一方案，并且不再抵制奥地利商品。如此一来，奥地利与土耳其的主要矛盾终于被化解了，两国之间应该也不会再有别的什么棘手的问题了。

第三部分

关于土耳其革命的思考

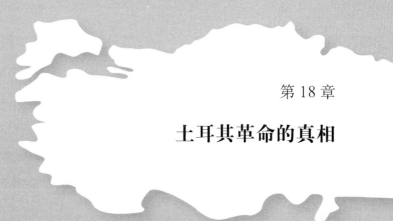

第 18 章

土耳其革命的真相

　　我们的晚饭是在一家装潢极佳的餐厅中享用的，吃完饭后一个商人靠着桌子跟我说道："你还是太年轻了。"餐厅中的人很多，基本都戴了毡帽，和好友们坐在白色餐桌前。餐厅面积很大，地上铺了厚厚的木屑，我们完全可以随意聊天，不受打扰。商人继续说道："我在这里待了 25 年，我觉得我应该是回答你那些奇怪问题的最佳人选了。"他给自己点燃了一支雪茄，烟雾袅袅升起，越来越浓。

　　土耳其人很爱和他人交换信息，我知道这事之时也是既吃惊又感激。让一个人倾听总是比让他诉说要简单的，而且一个善于倾听的人也能得到他人的好感。在你环游全球之时不难发现，无论身处何地，大家都喜欢和别人倾诉交流。在此我要说明，本章中提到的访谈人物。都非英国人，大家别误会了。

　　商人双手叠放于桌上，身体往我这边靠了靠，他的头很圆，头发较短，留着八字须，面色红润。他在跟我交流之时，眼神就像是父亲望着孩子那样的温和慈祥。

他说道："现在的局势很乱。"

确实，目前土耳其有三个完全不同的政府，其一是名义上的政府，其二是在幕后掌控一切的统一与进步委员会，其三是工人阶级，工人们在革命结束之后便觉得他们才应该是这个国家的主人。每个需要技术的行业中，工人们所要求的薪酬待遇也越来越高。对此，老板们只有两个选择——涨工资或者关门大吉。

"没有其他方法可以处理好这个问题吗？"

商人回答道："如果不能处理好最紧要之事，那么所有的东西都会很糟糕。土耳其人根本不了解经济是什么，总是想干嘛就干嘛。土耳其人的第一个身份是武士，所以这里就有许多军人。而军人们所要求的不仅是优厚的待遇，还有足够的枪支和战舰。土耳其人觉得国内应该有充足的'社会必需品'，比如大量的官员和公共建筑，每条街道都应该是铺设完美的，还要有足够的电灯和警察等等，可是他们根本没想过，应该从哪里筹集到这么多的资金去修建和支撑这些东西。土耳其确实有许多产品，但要想将其利用起来，就只能把大片土地交付给外国人，可就算是这样，土耳其人也不愿意做。他们只会把时间花在思考要干嘛上面，然后四处碰壁，心烦意乱，而这会带来怎样的后果呢？在刚开始之时，事情确实会很顺利。土耳其人想出了很多优秀的方案，开始改革。每个人都憧憬着一个和平又繁华的社会来临，可在未来的某天，天气依旧很明朗，但土耳其人会发现国库里面已经没有钱继续供养军队了，政府可以用在改革上面的钱也不多了。谁都想要太平盛世，但你必须要有足够的资金去创建它才行。"

商人离我更近一分，他还用拳头做出一个奇怪的手势，就像是在拧螺丝钉，以此来强调他的语气。他又说道："其实许多观念早就深深种在人们的脑海里了，土耳其人缺少的是思想的连贯性，朝令夕改。就像是统一与进步委员会的那些人，他们大多都是在国外生活过的，比如巴黎、柏林等地，因此接触到了很多外国思想。所以，你和他们交流之时会发现，你们的想法是一致的。在我看来，他们确实很擅长接收新思想，他们就像是一块海绵，吸收了法国的自由、德国的高效率，可如今呢？他们回到了故土，又开始像从前那样得过且过。"

说到这里他停了一下，而后又说道："若是我们之前评价过土耳其人不擅长管理的话，现在也不用后悔。不过我还是会为此道歉，我也希望新政权可以越来越好。统一与进步委员会里的绝大多数人都是极好的。可就算这样，他们也没能实现其目的。你如果等几年再来土耳其的话，也许根本看不到任何改革痕迹。我太了解土耳其人的天性了。"

几日后，我坐上了东方快车，并在抽烟之时遇到了一个外交官朋友，在和他交流时我又想起了那位商人口中的"思想连贯性"问题。我这个朋友又矮又胖，留着八字胡，戴着一副眼镜，总爱看向前方，喜欢看着"餐后雪茄"的烟袅袅上升。我们所坐的藤椅是能自由转动的，所以我们可以好好欣赏窗外的风景。虽然我觉得我们的谈话有些伤感，可坐在这椅子上，我们还是觉得很舒服的。

朋友对我说道："任何一个和土耳其人有过来往的人都会觉得土耳其人的性格是比较保守的。他们确实也不想有变化。其实这也是他们最稳定的一个特征了。可以说任何一个东方人都不想做出真正的改变。"

"那你觉得委员会成员们是什么样子呢？"

"我没有接触过他们，可不管怎样他们都是土耳其人。不可否认的是这些人的确有实力，就他们目前所做出的改变，也足够让全世界都为之震惊。当然他们的演技也很棒，给大家带来了一出有关民主观念与宪政政府的重要表演。你如果想要识破他们的把戏，得在东方待上很长一段时间才行。刚接触到东方人之时，你确实会被他们所欺骗。其实，这些人压根就不知道宪法精神到底是什么，也不是真的想去促进民族平等。他们怎么可能有这种想法呢？纵观土耳其的历史，你可以发现它是和民族平等背道而驰的，土耳其人觉得民族平等政策不可能实行，就像英国人不会让印度人和他们平起平坐，也不会像看待白人那样看待印度人。你当然也可以辩解说，英国对印度的掌控是在白人优越的观念之上建立起来的，土耳其人亦复如是。青年土耳其党人和旧土耳其人的区别只在于前者了解了欧洲的情况，而后者不知道；后者更擅长用各种模棱两可的词语进行表达，而前者明白了欧洲人所指的所谓'特定的模糊词汇'的必要性，知道他们仅有的机会就是让欧洲人看到土耳其是一个可以进行自主改革的民族。目前英国和土耳其是比较亲近的，所以青年土耳其党觉得他们就应该用英国人对待自治的态度来对待土耳其的自治。在他们看来，南非联邦首相路易·博塔确实不是一个好对付的人。不过他们总会以爱尔兰为例，以此来得到英国人的怜悯。"

"在你看来，土耳其就真的完全未想过要改变吗？"

"对，他们没有。其实这也是无法改变的。你把政治看得太重了，从而忽略了比政治更深刻的东西。我们所做的一切不过是浮于表面的，只是随声附和罢了。可以仔细观察一下真正成就土耳其人的事情，去研究一下他们的社交、家庭，以及土耳其的女性们，就能发现他们每天工作都是很敷衍的，下班后就立即回家了，所以社交生活对于他们而言是形同虚设的。对土耳其人产生影响的不是他们的男性同胞而是妇女。你认为这些妇女会对土耳其人有什么样的影响呢？男人们都被她们用绳索牵着。每天中午，土耳其人或许会在咖啡厅里面发表很多对自由和友爱的看法。可夜幕降临之时，这些男人就会被一条绳子拽回某个不一样的世界中，这个世界是由女性精神所控制的。土耳其的妇女们并非是传统观念中的奴隶，而是社会传统的拥护者和呵护者。当然，经过这一次的革命运动，土耳其妇女们的心里会有些波澜，甚至是激起一点水花。在革命刚开始的那半个月里你会发现，土耳其的妇女们都丢掉了面纱，去戏院里面看戏听曲。可最终又是如何呢？这才是最关键的东西。那些暴民拦住马车，把车上的女性拖了下来。于是女性们开始瑟瑟发抖，只能把面纱再捡了回来。好不容易激起的这一点水花很快就平静了下来，女权运动画上了句点。而土耳其男性们为得到自由而发起的运动或许会持续得更久一点，可早晚还是会停止。"

没过多久，我又和一个出身名门且取得了很高成就的土耳其绅士做了交流。他在之前的十年间一直生活在法国巴黎。我被那几个朋友对土耳其情况的看法打击到了，这位绅士和他们的看法完全不同，但并未让我更有信心。他所住的地方十分精美华丽，所有家具都是镀金的，他给我的香烟也挺好的。精美的玻璃茶杯被放置在一个小铁架上，不过茶水没什么滋味。他穿的衣服都是时下流行的款式，收拾得也很整齐，说话的语气也很坚决。

他说道："我知道统一与进步委员会在前几日接待过你。在我看来，最关键的还是，你应该跟我一样以一个局外人的身份来看待委员会成员们。需要注意的是我并不觉得委员会成员之前的所作所为就是完全正确的。他们的确是将革命带到了土耳其内，这是一件很了不起的事情。而且他们也得到了土耳其人们的爱戴，这是理所应当的。可是如今他们慢慢失去了民心，现在已经有了暴政的倾向，土耳其人们对于他们也有了厌恶之情。"

我回答说："可是他们以后的地位绝对不会高于如今的吧。军队目前也还是站在他们这边的。"

他又说道："确实是这样的，他们很好地收买了军队。可现在局势变化太快了。他们确有才华，但现在的问题就在于他们到底够不够聪明。大家看到的就是统一与进步委员会一直在插手政务。如果土耳其的官员们连裁决事务的自主权都不能拥有的话，那他们不就形同虚设吗？一边是宪政政府的管理模式，一边是共济会的政府管理模式，土耳其的状况其实比我们眼见的还要糟糕。你没有看到其本质。我想问问在你看来，统一与进步委员会为何会让阿卜杜勒·哈米德二世继续管理土耳其的所有事情，甚至是利用他呢？"

说实话，我确实也不能为这些事情找到更合适的解释了，除非是用一个明显的蹩脚理由——如果废了阿卜杜勒·哈米德二世，也许会引起反动势力的抵抗。

"应该是你想错了。"他说道，"统一与进步委员会的人之所以让阿卜杜勒·哈米德二世继续稳坐皇位，就是因为可以以此为借口继续掌控大权。他们要做的就是让大家觉得这一切都是在敌对势力的威胁之下而形成的，因此才要有一股可以和其对抗的势力。于是他们便可以继续给土耳其人洗脑说他们是至关重要的，土耳其离不开他们。"

"所以你也承认确实有反动势力在威胁土耳其了？"

他摇头说道："当然没有了。我可以详细地跟你说说阿卜杜勒·哈米德二世的用处。从表面上来看，统一与进步委员会是代表着自由的强大力量，他们拼尽全力做出一副要和反动势力抗争到底的样子。可其实统一与进步委员会并非是民主的，这些人也不了解西方思想的精髓是什么。"

我不解地问道："难道他们不想实行西方思想吗？"

"他们不过在自己能力范围之内行事罢了。于土耳其而言，其重要组成部分就是基督教教徒。虽然他们做了诸多改变，但他们基本上是没有让信仰基督教的人从政的。其实仔细看看这次的选举，我们大概就能知道其结果了。基督教教徒肯定不能在掌管奥斯曼帝国中得到该有的尊重。统一与进步委员会想要的也不是真正的平等，可以发现他们所谈论的不过是奥斯曼帝国思想，其实他们更偏向于土耳其人。"

"那能解决这个问题吗？"

"我并不主张把统一与进步委员会的人们都赶出土耳其，不过土耳其现在的确很需要出现一个新政党。我认为它已经成立了，或者换一个说法，无论如何，在自由党联盟中已经有了新政党的核心。就像你所知道的，是因为萨巴赫丁·德·纳沙泰尔亲王的影响才会有自由党联盟。而它是想让所有人，包括基督教教徒在内，都能和土耳其人平起平坐，让大家都成为奥斯曼帝国的一员。它虽然不赞成自治，但想赋予地方议会更多的权力，这样才能实现民主自治的愿望。不可否认的是，现在它的权力并不大，可也能够吸引统一与进步委员会中的真正自由主义者。就算不是现在，在未来几年内，你也能发现自由党联盟和理智的基督教教徒代表联手。"

我接触较多的一个记者想的和这些人完全不同。我们常常会聚在宾馆大厅中，然后交流彼此的想法，虽然大厅里人来人往，但我们的交流并不会因此而中断，他们也许还会成为我们的聊天背景或是话题之一。在对方发表他自己的看法时，我会在不影响他发言的情况下很感兴趣地看着他。有时候我这个朋友会看一下周围，或者是从一部分陌生人的表情和动作上得到启发。我觉得他环顾四周的行为应该是在之前被旧政权所统治的君士坦丁堡生活而留下的后遗症，毕竟那时候那里全是间谍。我记得早先来君士坦丁堡进行采访之时，宾馆的侍应生偶尔也会跟我们说，这里的间谍实在是太多了，而且还会堵在前厅，让宾客们出行都不方便。

这个朋友在跟我聊天时的第一句话基本都会说："我很肯定统一与进步委员会的初衷不坏。"在之后的聊天过程中，他有时也会这样说，特别是在他要仔细讲述一件他觉得很重要的事情时。我觉得他反复说这句话，是想以此为平衡。他在面临一个在他看来是没有希望的未来之时，想要给自己一个安慰。他是这样说的："和正义与平等相关的话题，大家已经说得很多了，也都很真心的。的确，在探寻友善的定义时，那些和希腊主教、亚美尼亚主教们同坐一辆车外出的和卓们也是很真诚的。毛拉们在亚美尼亚人的墓碑前举办带有祭奠之意的礼拜仪式时也是发自真心的。普通老百姓们也很真心地将讨论平等与正义看作是一件大事。不管是我们对平等与正义的看法，还是其他人对平等与正义的看法，对于土耳其人来说都是很有吸引力的。"

他又说道："问题的关键就是这些想法到底是什么呢？"他往后靠在椅背上，身体弯曲，瘦长的脸上有着一个很宽的下巴，胡须剃得很干净，但表情很是困惑，"统一与进步委员会拥有着极大的权力，那他们会怎样去运用这些权力呢？他们有跟你说过吗？"

我将近期的采访内容跟他说了一部分，让他可以有参考。他听了之后看向远方，似乎在思考什么，然后开口道："主教长制可能还不够完善，更不是最好的，可无论如何，它都已经延续很久了，也让希腊东正教得到了众多权利，并且使用了几百年。我敢说那些独立于法律之外的权利，应该是最近这段时间出现的。不过这也没太大影响，因为大家已然习惯了。希腊人如今提出要限制这些权利，应该是想要为自己争取到平等地位，想要从希腊人变成奥斯曼人。假如他们真的这样做了，那一定会给土耳其人带来很多麻烦，希腊人甘愿效忠于奥斯曼帝国，对政府也很尊重。但若你觉得这会让他们不再执着于国籍，那你就大错特错了。学校所面对的问题是很棘手的。青年土耳其党人制订的首个教育计划好像就是要让每一所小学使用土耳其语进行教学，之后他们又修改了这个计划。若是他们真的执行了第一个计划，那一定会让之前的努力都功亏一篑。"

说到这里，他脸上出现了愤怒之情，然后话锋一转说："为何议会之中只有 4 名马其顿的保加利亚人？而且这 4 个人中还有两个人是从桑丹斯基来的，在最初就进入了统一与进步委员会。他们不是其同胞所提名的，自然也无法代表其同胞。我也知道，只要统一与进步委员会想，那么他们就能让所有基督教教徒都不能进入议会。他们的权力实在是太大了，不过值得夸奖的是他们可以轻松地让马其顿的其余代表加入议会。可是对于我们来说，不管马其顿的代表们在正义的话题上进行了怎样的一番高谈阔论，他们所说的都是错的。不过在秩序方面，统一与进步委员会还是处罚了伤害了基督教教徒的穆斯林们，这是让重建社会秩序有了个好开端。现在有个不妙的说法是统一与进步委员会不想再处罚那些违法的穆斯林了。在你告诉其成员们你和你的朋友之所以站在他们这边，是因为他们可以维护社会秩序时，他们真的能理解你所说的话吗？他们是否知道以公平的态度对待每一个罪犯有多重要？这是和思想有关之事。大家一般会觉得马其顿政府是公正且强大的。可只要这种想法发生了反转，那么以前的阴谋就会再度袭来；同样地，统一与进步委员会若是走上了下坡路，那他们就再也不能回头了。"

"统一与进步委员会要处理的难题已经不少了，而且这还没有包含他们内部所发生的问题。那些支持旧政权的毛拉们现在安静得可怕，人们都活在欢喜之中。愿意站出来说话的只有青年土耳其党人，可这并不代表大家在冷静下来之后就不会埋怨了。他们若是得到了真正意义上的自由，就极易变得不守信。没过多久，他们就会说自己已经受够了这些年轻的知识分子，看看这些人是怎么用那些所谓的现代思想、平等观念来对付大家的。而这时候以宗教势力为主的旧势力还没有说什么。"

说到这里，他露出了一个微笑："而土耳其旧政府的财政还是很糟糕。土耳其在亚洲还有领土呢。我猜库尔德斯坦与也门的状况应该有所改善了，可是外界根本不知道准确的消息，这就代表着任何时候都有可能发生动乱。如果奥斯曼帝国失去了忠诚的官员，那么它要怎么继续运转？大家都知道在新政府中任职并且拥有行政管理经验的人之前肯定是在旧政府里做事的人，也就是说从他们刚踏入政坛之时就被旧政府所影响着。这便是现实，每个人都必须要面对。"

他修长的手指一直在椅子的把手上来回滑动，看得出来他很紧张，但他还是继续说道："这些都是青年土耳其党应该多加留意之事，可对于那些想要毁掉新政权的人而言，这是有利于他们的情况。谁都预料不到接下来会出现什么情况。许多人都是不支持变革的。那么贝西克塔什事件背后究竟是谁在推波助澜呢？贝西克塔什的导火索是大家都不支持希腊人娶土耳其寡妇为妻，可是关于希腊人与土耳其人的联姻是早有先例的。所以这件事根本不至于在百姓中引起骚乱。但动乱就是这么发生了，还有人趁机用刀捅人，可旁边的50个士兵居然视若无睹，根本不上前阻止。有人说宪政就代表着从前的种族区分全部作废，也就是说穆斯林和非穆斯林是可以结婚的。伊斯坦布尔的那场大火到底是谁放的？这绝对不是一个意外，因为大火是同时在6个不同地点烧起来的。我想你在前几天应该听说了谋杀伊斯梅尔·马希尔帕夏的事情。这个人是情报部中最有智慧之人，几乎将革命扼杀在萌芽阶段。那么谋杀他的究竟是他的仇人还是别的阴谋？若是能够在百姓们失望之时制造恐慌，若是可以启用宪法第113条规定——土耳其进行全面戒严，让苏丹重新拥有流放权，让土耳其政府摆脱议会的掌控……"

我开口道："你说的这些好像太复杂了。"

他点点头，"是有些绕了。可若是这些事情注定要向一个既定的方向发展，那么就算让它改变一时的发展方向，我想它最后还是会回到原来的轨道之上的。土耳其是否终究还是会回归到专制统治之下？还是被分而食之？阿卜杜勒·哈米德二世的所作所为究竟是对还是错？他在掌权期间的确很凶残，可这是不是土耳其的唯一选择呢？谁都不能给出一个答案来。"

第 19 章

不失美好的未来

　　土耳其革命最终会对土耳其造成什么影响？新政府是否可以长久存在？对此，我都没有答案。我在大部分时间内都是尽力在转述事实，不会进行任何评价。可土耳其的未来发展确实是值得大家关注的。不管土耳其革命最终结果如何，它都会是历史上的特殊事件，也将被历史所铭记。可是土耳其的宪政存废关系着几百万人的将来。

　　不管怎么样，关心土耳其现状的人都在尽力去为土耳其的未来开辟出一条光明道路。眼下局势中的重要情况是一部分消息灵通的人或事件亲历者告诉我们的。我也很幸运地采访了一部分土耳其人，知道他们的看法。在他们看来土耳其的局势是趋向于有利方向的。在我看来对于了解土耳其局势很具有参考价值的 7 个意见中，也只有两个意见是持悲观态度的。其中一个人着重强调了谨慎，他的看法是不能太过乐观，可"将近一半的人确定"青年土耳其党人会大获全胜。我觉得对于生活在土耳其的外国人而言，他们更看重的是那些局势有利的观点。而对于一个一直生活在土耳其境内的人而言，他会和大部分人一样坚持土耳其政府不会发生太大的变化。而现在所发生的一切完全摧毁了他的信念，为了自圆其说，证明自己的观点并没有错，他肯定会坚持自己的看法，觉得无论如何这些改变都只是表面上的，并不能持续太久。

土耳其现在好像只有两条路可以选择，要么就是青年土耳其党大获全胜，要么就是新政权在内外问题的夹击下全面崩溃。可仔细分析，能够发现土耳其还是有其他选择的，可预测的范围很广。如果专制统治不复辟，那么一个沙文主义土耳其政党就可以掌控政府，然后建立一个有秩序、有效率的官僚体系，让土耳其人在国内政坛中拥有绝对优势。在这个时候，土耳其人的地位就相当于匈牙利的马扎尔人。土耳其人可以不用再经历折磨，土耳其的经济也有发展的希望。可这时候，要实现各其他民族的合理意愿就难上加难了。

或者，就算土耳其革命在君士坦丁堡和小亚细亚成功了，可革命者还是不能在欧洲和亚洲省份的边境地区成立一个公平公正的政府。现在大家都很认可的一个观点，那就是土耳其人是可以处理其内政的，但无法处理好其他民族事务。这种观点在现在的情况中也许是没有错的。不管是减少基督教教徒的权利还是干预阿拉伯人的地方自治，这些都是缺乏理智的政策，而这些动乱也许就会变成专制统治复辟的借口。土耳其中部省份是由议会所掌控的，可边疆省份需要强大的集权政府来掌控，这也就意味着他们最终会回到帝王手中。在这个过程中，我们不难发现罗马帝国的影子。

除此之外还有第三种可能性存在，这也是不容忽视的，那就是在奥斯曼帝国内部随着革命精神的发展壮大，欧洲其他国家很难再干涉土耳其内政，可即便如此，奥斯曼帝国还是有很多问题需要去解决的。土耳其的官员们或许会更加勤劳踏实；宪兵队的办事效率或许会更高；国内的赋税征收或许会更加规范化；可是法院也许还没有进行改革，总会偏向于穆斯林，利用民族矛盾依旧是一种玩弄权术的手段。所以在土耳其境内，英国的友善也将被舆论所抨击。这对于当时的英国外交部而言，在对待土耳其的问题上，究竟是继续持友好态度还是放弃这个政策，或直接采用1908年前所奉行的反对和排斥政策，以此来说服土耳其政府，这便很微妙了。

我提到的这些现象都是可能会发生的。在我看来，告诉土耳其人我们所发现的这些可能性是支持宪政运动而且有利于奥斯曼帝国发展的，但这种可能性能否转化为实际就要看青年土耳其党怎样实施他们所制订的计划了。青年土耳其党人是最着急的。他们知道应该以高标准要求自身，也明白欧洲的这些朋友虽然知道他们处境艰难，但也不会对他们所做之事表示满意。

只有在准备工作全部完成后，我们才能将自己的希望全部表达出来，那就是，但愿土耳其人可以实现他们的远大理想。在推测土耳其的未来时，我们无法忘记土耳其的过去，也记得他们哪怕是在最困难之时，社会也依旧是有秩序的。虽然土耳其人最初的狂喜可能会被解读为短暂的狂欢，但不同种族之间的博爱一直在延续，并在大众的想象中留下一个新的、富有成效的想法。

土耳其人的恐惧已经解除；思想得到激发；腐败得到部分遏制。这一切已经持续六个月了，虽然大部分时间里，一场危险而令人不安的外交危机依旧笼罩在土耳其的上空。不过，外交政策在大维齐尔穆罕默德·卡米勒帕夏的领导下，已经稳定了。各方都意识到和平的迫切性。

其次，几乎所有的观察者都同意，青年土耳其党，尤其是统一与进步委员会成员的计划是正确的，他们真诚地希望公平地对待基督徒，团结所有民族。在选举中，尽管远远没有达到理想的公平，但他们也没有凭借自己的权力，将基督教代表排除在外。

有些人认为，青年土耳其党将发现他们要面对的经济困难太多了。当然，这些困难确实很巨大。在未来几年里，他们可能不得不面对每年约300万英镑的财政赤字，然而每年的财政预算仅为2000万英镑。但是，他们正在积极寻求外国的援助（在前一章中提到了这一点），他们清醒地知道自己真正的需求是什么。土耳其人的能力被低估了，对青年土耳其党能力的预测并不准确。

一个更深层、更困难的问题依然存在。青年土耳其党人的计划可能没有问题，但他们无法带动广大民众站在他们这边。是否存在一种惯性力是他们无法移动的？是否有一堵偏见的高墙是他们无法打破的？回答是"肯定"的，原因将在最后一章中解释。总之，必须牢记这些困难；其他方面也不能忽视。

土耳其未来的第一个也是最大的保障，源于民众对可恶的过去普遍厌恶。所有阶级，无论高低，无论他们的意见有多不同，都因为一个共同的恐惧，而团结起来，那就是他们不想回到过去的旧整体。革命带来的进步如此深入人心，几乎在生活的各个方面都可以感受到，并且他们建立了一个强有力的堡垒来抵御反对行动。至今为止，土耳其还没有出现明显的反动迹象。

与此同时，包括土耳其欧洲各省在内的许多人都觉得旧政府体系正在快速崩溃。青年土耳其党一直致力于激发大家的爱国之情，可若是他们管理政府的方式没有欧洲各国的支持的话，那么土耳其可能保不住他们的欧洲省份。一部分反对自由思想的人也是这种看法。青年土耳其党觉得现在需要采取一部分措施来规避更大的风险。眼下，他们只有一次机会。

还需要特别强调的是，军队是站在青年土耳其党这边的。统一与进步委员会做了许多工作，终于让军队站在了革命这边。虽然专制政府也有一部分军团支持，不过可以确定的是，在专制政府面对危险之时，没有任何士兵愿意站出来为他们而战斗。土耳其的军队和其他国家军队最大的不同在于他们在政治上是很自由的。军官们都以自己受过通识教育而骄傲。旧政府的办事效率太低，这让军官们失去了职业自豪感。无论是谁在发起反动运动时，他都必须要考虑一个问题，那就是他们将要面对的对手是一群能力卓越的军官。

在这些问题背后还有个很难讲述清楚的主题——土耳其受到西方思想的影响以及这些年来的民心变化。这也是当前的政治问题之一。现在国际上所面对的最大的政治问题是：东方是否会崛起？日本渐渐跻身于世界强国之列，可是促使日本变为世界强国的运动涉及到了中国、印度和埃及，而且俄国在亚洲的各省百姓也纷纷要求进步，伊朗国王在德黑兰的宝座岌岌可危了。这场运动究竟只是在人类文明的海面上引发一阵涟漪还是直捣内部，掀起惊涛骇浪？土耳其的基础教育在前 30 年里取得了很大的进步。我们在君士坦丁堡采访的几所学校会让那些觉得土耳其还是处于金莱克时代的人们大吃一惊。随着铁路、汽船、电报的出现，奉行得过且过的土耳其人也发生了一部分改变。可这种泛泛而谈的表述并不能让那些外国人对土耳其有所改观，他们只有自己在无意之间发现土耳其人的变化后才会有深刻印象。土耳其人渐渐能看清事情的本质了，他们也不再像从前那样尊敬阿卜杜勒·哈米德二世。革命运动告一段落之后，萨洛尼卡的士兵们便不再像从前那样于夕阳西下之时高喊三句"阿卜杜勒·哈米德二世万岁！"了。妇女的地位也有所改变，尽管这种变化的进展比较缓慢。虽然女性只能出门拜访自己的亲戚，不过"亲戚"的定义越来越广了，女性的第一个、第二个甚至是第三个堂、表兄弟姐妹都属于亲戚的范围了。虽然女性现在还是要戴着面纱和人交流，不过这个面纱成为了"谦虚之纱"。在土耳其的一部分地方，大家也更加宽容了。土耳其人在 19 世纪 20 年代发生的希腊革命中屠杀了很多无辜的希腊人，但是在 1897 年的希土之战中，有 11 个希腊人离开马莫拉海边的村庄，为祖国而战。他们在返乡的路途上也没有被同村人所嘲笑。

　　其实，很多现象都证明了，在土耳其境内的一部分地区，有着世仇的穆斯林和基督教教徒正在慢慢和解。而政府的公平和强大也能对此有所促进。在伊斯兰教中发生的自由主义运动慢慢影响到了普通人，当然，这之中也有一部分让人不能忽视的不祥之兆。在社会秩序刚发生混乱之时往往是很危险的，这和它们实际所造成的影响也不成正比。不管是在亚美尼亚还是在马其顿，大家在革命初期所表现出的那种对自由的疯狂向往并没有消失殆尽。青年土耳其党人的初衷自然是好的，不时也会看到报纸上刊登了有关政治案件的报道，这也说明新政府的代表们正在努力维护社会治安。一部分违法行为虽然不会被惩罚，可归根到底这还是因为当地司法机关工作效率低和不作为，这是旧政权所遗留下的弊端。青年土耳其党抛弃了旧政权的恶，但保留了它的懒散，它本来是能克服的。所以，青年土耳其党人和那些经历了各种磨难的土耳其各民族的朋友们千万不要大意啊。

第 20 章

英国留下的痕迹

　　来到君士坦丁堡的每个英国游客一定会去参观位于博斯普鲁斯海峡对岸的斯库塔里，靠近亚洲的克里米亚公墓。这里以前建立了一家军事医院，专门接收和治疗克里米亚之战的伤兵。伤员们坐船经过黑海之后便会被接到斯库塔里的军事医院，这里有位名叫弗洛伦斯·南丁格尔[1]的人，得到了整个世界的尊敬。而死于这场大战之中的将士们，无论出身如何，是何军衔，最终都被埋在了克里米亚公墓，永远都不能回到英国了。如今，这里有专人看守。君士坦丁堡内基本没有草坪，可在克里米亚公墓旁，就算是在烈日炎炎的夏天，草坪也依旧茂盛。这片草坪从斜坡向海边蔓延，清新少见的绿色总能给人意外之

---

　　[1]　弗洛伦斯·南丁格尔（Florence Nightingale，1820—1910 年）：英国护士和统计学家。克里米亚战争时，她极力向英国军方争取开设战地医院，1854 年她到克里米亚野战医院工作，成为一名护士，被称为"克里米亚天使"，她是世界上第一个真正的女护士，她的名字也成为护士精神的代名词。

喜。在草坪中间立着一座方尖碑，这是纪念英国在克里米亚之战中所做的牺牲。在方尖碑周围便是 7000 名英军的埋骨之地，这些墓碑有些是经过打磨刻字的，有些就很普通。一部分在如因克曼之战、阿尔马河之战、巴拉克拉瓦之战等著名大战中活下来的人，在去世之后常用的墓志铭便是："因在塞瓦斯托波尔之战前染病而亡。"

克里米亚公墓是让人最伤心之处。根据克里米亚之战最后所得到的结果来看，这场战争根本就是一个错误。站在克里米亚公墓之前，我们似乎又看到了当时人们的疯狂和对俄国开疆拓土的惧怕；我们想起了无论土耳其政府有多糟糕，无论土耳其是因何与俄国开战的，英国还是站在了土耳其这边，提供了很多帮助。那时候土耳其不接受俄国所提出的合理条件，因此引发了俄土之战。我们似乎又看到了，在 1854 年 3 月战争开始之后，大家都怀着一腔热血，充满了希望。很多英国人都想借此战证明，英国经历了这么久的不光彩的和平之后已经比从前更加勇敢了。而后克里米亚之战爆发，接下来大家收到的便是英法联军指挥不当，以及大军缺少粮草的消息。在伦敦街头，每天都能听到从前线传来的消息。在 1855 年到 1856 年的这个冬季，大家纷纷支援在塞瓦斯托尔前线缺衣少食的士兵们，为他们提供了很多生活必需品，也在给他们加油打气。在之后和俄国陆军的交锋中，英法联军的表现勉强合格，逐渐占了上风。最终，大家迎来了和平的曙光，各国签订了《巴黎和约》。英国的维权是很艰难的，在不放弃自己应有的权利的同时，努力谋求和平。我们站在克里米亚公墓前，回想这场战争的最后结果。7000 名将士以性命得来的权益在不过 20 年时间里就要全部消失了。英国的军人们曾经为了阻止俄国在黑海留下军舰而浴血奋战，但俄国在 1870 年打破了英国的限制。而英国所做的仅仅是召开了一次欧洲会议而已，然后就默默接受了这个现实；英国的军人们曾经为了阻止瓦拉几亚和摩尔达维亚形成一个强大的亲俄联盟而浴血奋战，可不过 5 年，这两个国家便正式合并，成为了罗马尼亚王国；英国的军人们曾经为了把俄国的边境线推回比萨拉比亚而浴血奋战，但俄国在 1878 年之时就将边境线再度推回到同样的地方了；英国的军人们曾经为了不让俄国来到波斯湾而浴血奋战，可是俄国通过《柏林条约》轻而易举地拿到了土耳其的三个亚洲省份。

这 7000 名将士是白白牺牲了。他们让很多英国人认为要想阻止俄国的开疆拓土，就要支持君士坦丁堡的残暴专政，这种想法已经在大家心中根深蒂固了。土耳其欧洲省份在 1875 年开始起义运动后，英国根本不能忘记为了维护奥斯曼帝国所做的种种牺牲，所以英国和别的国家联手以武力压迫土耳其政府推行改革。这种对土耳其旧政权的执著，掩盖住了那些英国资本家因为阿卜杜勒·哈米德二世政府倒台而发出的愤怒之声。所以在土耳其同俄国开战之后，英国人也是十分激动。议会召开了一次特别会议，英国愿意拿出 600 万英镑支援土耳其。除此之外，英国还派出军舰去往达达尼尔海峡帮助土耳其军队。为了防止俄国在战后制定一系列不平等条约，英国还让印度军队去往地中海，国内只留了预留部队。在英国的主张下，双方在 1878 年签订的《柏林条约》将《圣斯特凡诺条约》取而代之。

《柏林条约》规定马其顿还是归土耳其政府管辖。而英国与土耳其也单独签订了协约，以此作为对土耳其政府所许诺的表面明确但实际虚无缥缈的改革，以及攻占塞浦路斯的回应，协约中规定土耳其的亚洲区域将不受到任何侵略。保加利亚的独立没有成功，也没有得到自由。《柏林条约》就像分割了罗马尼亚的《巴黎和约》一样，把保加利亚分割成了两个省。此战的结果仍旧是让我们感到无比的失望。同样的事情又发生了一次。东鲁米利亚和保加利亚的合并正是旧政策出现的最后一次历史性的失败。詹姆斯·加斯科因·塞西尔诚实地告诉了我们如今需要面对的事实——我们选择了一匹一定会输的马，并且押上了自己的所有赌注。

这个错误所带来的恶果还没有结束。英国官员们正在土耳其拼命恢复其社会秩序，建立起正义。英国人没有考虑土耳其人的处境，只知道怜悯土耳其政府，这是英国官员的绊脚石，不利于他们帮助土耳其。而同情土耳其的这个习惯也让大家更加害怕人道主义运动。英国百姓一直都在被人道主义运动施压。直到19世纪后期，这种压力也没有任何减缓。

大家对于人道主义运动的害怕经常会出现，尤其是站在克里米亚公墓回忆往昔之时，我们也会害怕英国将重蹈覆辙，会担心英国之所以答应帮助土耳其，是因为基于对现实的考虑，而不是对亚欧政策的考虑。诚然，有很多因素让我们改变了方向，但是新的世界政治游戏会慢慢出现，在解决土耳其问题之时，英国会不会遗忘这些让自己做出改变的因素？会不会将考虑地球另一边的印度和埃及的穆斯林？德国是否已经成为了继俄国之后英国的一个新麻烦？国际社会是不是要发生改变了？

我想说的并不是为这些问题商量出一个结果，也不是说英国在面对和土耳其的关系时，不可以考虑一般政策，因为这种建议是很荒谬无知的。我们会不自觉地去思考英国和土耳其之间的关系。现在我觉得我们应该把注意力都放在这个让我们态度发生改变的因素上。这也是我写这本书的初衷。谁都不能胸有成竹地去预测未来会怎么样，但是现在发生的事情是需要我们牢记并思考的。我们眼下不但没有犯错，而且还发现了土耳其突然发生的变化，这个变化也是很彻底的。我们根据以往的外交习惯，立即就向土耳其转述了英国是站在他们这边的。在写此书时，我根据土耳其新政府的行动可以推测它和旧政府是站在对立面的。如今掌权的青年土耳其党和我们一样，都很讨厌之前的掌权人。而英国也是土耳其旧政权的劲敌，这也是新政权最该感激英国之处。正是因为有了英国和土耳其之前的敌对，所以两国现在才能建立起友好的外交关系。在马其顿境内，兰斯多恩侯爵亨利·佩蒂-菲茨莫里斯和爱德华·格雷爵士为了改革所做的各种努力，并没有像某些人所想的那样会让土耳其人和英国人反目。相反，这还让土耳其人隐约发现他们真正的敌人并非是英国。虽然土耳其人可以利用各种反英渠道得到消息，但是就像一直在关注时局变化之人所说的，土耳其人知道谁是敌人，谁是朋友。局外人说土耳其人有一种特殊的政治能力，那就是能透过外交现象看到问题本质。

通过土耳其革命可以看到，土耳其人其实是特别厌恶阿卜杜勒·哈米德二世政府的，只是此前没有人发现而已。最好的证明就是当阿卜杜勒·哈米德二世政府遭遇危险之时，没有任何人会为它挺身而出。以前有人认为土耳其内部问题的产生是因为基督教教徒，甚至是因为那些不愿意让基督教教徒管理自己内部事务的外国人或者是对土耳其人心生怜悯却误入歧途的外国人。可这种想法如今已被证实是不对的。真正有自己想法的土耳其人，都觉得英国的改革从本质上来说并没有错，在此基础上，土耳其官方改变了立场，英国也就成为了最受土耳其人欢迎的国家。因为俄国一直支持英国的政策，土耳其爱屋及乌，也不再像以前那样憎恨俄国了。

土耳其政府变更后，英国便有了新的责任。青年土耳其党人一直会受到我们的影响，他们觉得英国是一个奉行自由主义的国家，和英国人来往有助于土耳其的宪政运动。从某些方面来看，青年土耳其党人是理想主义者，他们希望自己能够推进世界的进步。我们现在也有能力去鼓励并引导他们达成所愿。青年土耳其党人也很珍惜我们给予的帮助。不过，他们也应当明白我们的这些帮助也是有条件的；明白我们之所以会尊敬他们是因为他们是真的想让基督教和穆斯林和谐共处，建立良好秩序，打造一个"法律面前人人平等"的社会；明白只要他们还在为正义而奋斗，我们就会竭尽全力相助；明白英土之间的友谊并非是旧联盟的复苏，也不是别有居心的政治游戏。

我认为每个英国人都不必为英国和土耳其现在的友谊而遗憾，除非他是支持土耳其旧政权，不在乎人们所受的苦难的人。就算是这样，只要新的事物发生了新的变化，人们都应转变思想，接受其带来的全部后果，无论这些变化是否会让人觉得不情愿。支持兰斯多恩侯爵亨利·佩蒂－菲茨莫里斯和爱德华·格雷爵士改革的人倒不需要转变思想了。因为真正改变的是环境，而不是我们。

英国为了支持青年土耳其党，为欧洲和平事业所做的贡献远比想象中的要多。若奥斯曼帝国是诚心想要进行改革并且想一直进行下去的话，那么近东问题就将迎来解决之法。若是将眼光只放在欧洲的话，那么，不管是要开疆拓土的欲望，还是外交官们心中1870年以来对欧洲之战的恐惧，全是建立在土耳其是一个腐朽无能的帝国的假定之上。从某些方面来说，欧洲争夺的唯一目标就是土耳其。人们想当然地觉得奥斯曼帝国一定会覆灭，现下最重要的问题就是由谁来继承，以及怎样去补偿那些得不到遗产的地区。一直让欧洲神经紧绷着的危机也许会被连根拔起。奥地利的斯拉夫人可以建立一个与匈牙利相似的自治国，以此来达成他们的目标。时间在不停地前行。在欧洲引发骚乱的4个小国可以联手组成一个以土耳其为中心的巴尔干联盟，虽然这个联盟不太正式。以前，这4个小国想要联盟是因为拥有土耳其这个共同的敌人，然而现在土耳其很有可能成为这个联盟的一分子。这个联盟的基础就是大家对和平的期待。不过，在成立联盟之前，土耳其还需要消除很多疑虑。好在，土耳其与保加利亚之间所签订的友好协议会成为联盟的核心，这对于土耳其来说是很重要的。土耳其人和保加利亚人有着相似的性格。在土耳其革命之际，他们的关系确实有些微妙，但值得关注的是，土耳其人并未因此而责怪保加利亚人。索菲亚一直有个"联盟委员会"，其目的就是改善并促进土耳其和保加利亚的关系。巴尔干联盟的概念并不是很清晰。奥地利对这个概念也很不满,就像外交官们所说的,这个联盟的"目的"便是指向奥地利的。不过,这种类似的论点也可以攻击现在所出现的任何一个联盟。在全球出现一个超级大国引领时代之时,那些小国天生的畏惧之心会让他们抱团取暖。巴尔干人建立联盟就是想要得到一种安全感。这其中的一部分可能性也需要我们多加思考,因为一旦他们变成事实,我们就必须要为怎样避免爆发世界大战而头疼了。许多人觉得世界大战是一定会发生的,所以,这才是人们将要面对的真正挑战。

马上就要出现的自由会带来很多希望。青年土耳其党的各项政策也将覆盖整个奥斯曼帝国。如果这些政策大获全胜的话,那么土耳其所有地区的民族都将摆脱那无穷无尽的痛苦,再也不必被旧政权所压迫。如今我慢慢明白了间谍在政治压迫中所产生的影响,也知道了这就是奥斯曼帝国高压统治的改良版,它限制了土耳其人的思想。所以,从阿尔巴尼亚到库尔德斯坦,从黑海到印度洋,地球上的一大片地区马上就要重新建立起社会秩序了。违法乱纪者必将受到法律的惩处,百姓们也不必再活在武装暴力和烧杀抢掠的恐惧之中了。阴霾终将会消散,农户、基督教教徒、穆斯林可以尽情耕种被闲置已久的土地。那些被土耳其旧政权压迫已久的基督教教徒所采取的改革方案也许会比现有的改革更加偏激且持久。不过目前,其他人并没有想这么做。这次改革是亚美尼亚人唯一翻身的机会了。

若是改革失败了怎么办?可就算如此,土耳其改革也会取得明显成效的。就算反动势力将革命者所取得的成果占为己有，大家也不会忘记这些为改革而献身的人们，他们所得到的成果依旧是东西方的典范，会一直"存在着并且激励大家前行，照亮未来"。青年土耳其党人取得的成就是人类在为了争取自由、展现自我的进程中，对独裁专制的强有力的直接打击。